高校武术运动传承与教学发展研究

邓永明◎著

新华出版社

图书在版编目（CIP）数据

高校武术运动传承与教学发展研究 / 邓永明著 .
-- 北京：新华出版社，2023.5
ISBN 978-7-5166-6838-2

Ⅰ . ①高… Ⅱ . ①邓… Ⅲ . ①武术—中国—体育教学
—教学研究—高等学校 Ⅳ . ① G852.02

中国国家版本馆 CIP 数据核字 (2023) 第 100440 号

高校武术运动传承与教学发展研究

作　　者：邓永明	
责任编辑：李　宇	封面设计：沈　莹
出版发行：新华出版社	
地　　址：北京石景山区京原路 8 号	邮　　编：100040
网　　址：http://www.xinhuapub.com	
经　　销：新华书店、新华出版社天猫旗舰店、京东旗舰店及各大网店	
购书热线：010-63077122	中国新闻书店购书热线：010-63072012
照　　排：守正文化	
印　　刷：天津和萱印刷有限公司	
成品尺寸：170mm×240mm　1/16	
印　　张：12	字　　数：200 千字
版　　次：2024 年 8 月第一版	印　　次：2024 年 8 月第一次印刷
书　　号：ISBN 978-7-5166-6838-2	
定　　价：72.00 元	

作者简介

邓永明，男，1965 年生，山东威海人，毕业于山东体育学院，讲师。1991 年进入鲁东大学从事公共体育课教学工作至今。主讲过田径、篮球、排球、太极拳、太极剑、太极功夫扇等多门课程，在国家级及省级以上正式刊物发表论文 30 多篇，其中北大核心期刊 10 篇，主持中国武术院课题及烟台市社科课题各 1 项，参与山东省社科及其他软科学等项目多项，参编《大学体育》教材 1 部。

前　言

在数千年的发展历程中，传统武术逐步形成了内容丰富、文化色彩浓厚的体育文化形态。然而，科技的迅速发展、经济全球化进程的加快以及体育市场化的冲击，给传统武术的传承和发展带来了新的挑战，对传统武术的创新发展提出了更高的要求。把握当前健康中国战略和体育强国战略，传承与发展武术文化十分有必要。武术是中国传统文化的重要组成部分，要传承与发展武术文化，就需要注重武术教育。目前，一些学生缺乏身体上的锻炼与心理上的锻炼，对学生进行武术教育，能够锻炼他们的身体，使他们有一个强健的体魄；同时还能够锻炼他们的心理，培养他们坚强、勇敢的品质，使他们能够不畏困难、迎难而上。因此，在高校中传承武术具有十分重要的意义。

对于国家来说，大学生是国家未来的建设者，是社会主义建设事业的接班人，他们肩负着十分重大的责任，因此，其必须拥有一个强健的体魄，还要拥有一颗健康的心灵，只有这样，他们才能够更好地投身于社会主义建设之中。高校是国家培养高素质应用人才的重要机构，所以高校中的武术传承与教学问题的研究十分重要。

本书分为五章内容。第一章为传统武术运动概述，分别介绍了传统武术运动的起源与发展、传统武术运动的基础理论以及传统武术运动的文化内涵。第二章为武术运动价值及其在高校中的传承，主要介绍了武术运动的价值、高校教育中武术运动的开展现状、高校中武术运动的传承与发展。第三章为高校各类武术教学分析，阐述了高校武术套路教学、高校武术散打教学以及高校传统养生功法教学。第四章为高校武术课程设置与优化发展，主要内容包括高校武术课程设置分析和高校武术课程设置优化发展。第五章为高校武术教学的典型分析与未来展望，主要内容包括高校武术教学的典型分析——以太极运动教学为例以及高校武术教学的未来展望。

在撰写本书的过程中，笔者得到了多位专家学者的帮助和指导，参考了大量的学术文献，在此向其表达真诚的感谢。本书内容系统全面，论述条理清晰、深入浅出，但由于笔者水平有限，书中难免会有疏漏之处，希望广大同行及时指正。

邓永明

2023 年 1 月

目 录

第一章　传统武术运动概述

在众多传统武术学者和专家的不断研究和探索中，传统武术现代学科体系逐渐形成，推动了传统武术理论的发展，并为传统武术的研究提供了一定的学科基础。本章内容为传统武术运动概述，分别介绍了传统武术运动的起源与发展、传统武术运动的基础理论以及传统武术运动的文化内涵。

第一节　传统武术运动的起源与发展

一、传统武术的起源

（一）传统武术的雏形

传统武术主要起源于人类的生产活动中。在远古时期，人类面临的生存环境具有"物竞天择，适者生存"的特征，与兽类进行争斗是人类猎取食物、生存的必要途径。指抓掌击、拳打脚踢、跳跃翻滚等是人类与兽类争斗时采取的主要进攻与防守手段。实际上，这些攻防方法是人们本能的反应，身体动作具有随意性和自发性，那时人类还没有意识到要专门练习一些搏杀争斗的技能。早期的攻防技能虽然简单随意，但为传统武术的产生奠定了基础，这些技能也促进了传统武术的萌芽。

对石制或木制工具的制造和使用，在原始社会就已经出现了，这些工具主要被人类用来打野兽，猎取食物。考古学家发现，尖状的石制工具早在旧石器时代就已经被制造出来了。由此可以看出，人类是在与兽类争斗中对大量的搏杀技能进行学习与掌握的，对这些技能的掌握提高了原始人类的生存能力和适应能力。

人与人之间的战争使得传统武术真正得以萌生。《吕氏春秋·荡兵》记载："未有蚩尤之时，民固剥林木以战矣……争斗之所自来者久矣，不可禁，不可止。"①
从这一记载可以看出，我国远古时期人与人之间通过争斗来抢夺食物、领地的现象最早并不是出现在原始部落的大规模战争中，而是在这之前就已经出现了，并且这种争斗十分普遍。在争斗过程中，人们为了提高自己的战斗力，使用生产工具作为自己的作战武器，此时的生产工具又被赋予了新的用途。在人类大规模的战争中，具有搏击效果的生产工具得到了大量的使用，如投掷器、弓箭、棍棒、刀斧等都成为人们主要的战斗武器，被用于战争中的生产工具非常具有杀伤力。随着战争规模的扩大和激烈性的增强，单纯的器械已无法满足人们作战的需要，因此使用器械的技巧和战争中的格斗技术逐渐分离出来，并按照一定的规律朝着武术方向演进。

原始氏族之间开始出现大规模的战争是在原始社会末期，这种战争是有组织的，如黄帝与蚩尤之战、黄帝与炎帝之战等。随着战争规模的不断扩大，原始武术在这一过程中也逐渐形成。为了在战争中发挥更强的战斗力，原始部落组织人们进行演习操练，以提高人们击刺动作的熟练性，增强士兵的作战能力，在演练中传统的群体组合也逐渐出现，这促进了"武舞"的萌生。

原始社会的战斗技术水平在"武舞"中具有一定的体现，通过"武舞"的操练，不仅可以丰富士兵的军事知识、提高士兵的身体素质与作战技能，还能够培养士兵良好的练武习惯，这些对于士兵和部落取得战争的胜利而言，是具有重要意义的。总之，"武舞"的形成反映了人类对古代武术的认识从感性上升到了理性的程度。跳"武舞"逐渐成为人们在狩猎、作战前或之后必不可少的一项活动。在跳"武舞"的过程中，士兵可以熟悉击刺杀伐的动作，从而获得更强大的力量。

在大禹时期，三苗部族不断反叛，虽然进行了多次的战争，但也没有解决这一问题。后来，禹命令士兵停止继续进攻，组织士兵拿着斧、盾在战场上操练，这就是"干戚舞"，因动作刚劲有力、气势雄浑，散发出了强大的力量，所以三苗部族的人被震慑后迅速投降。作为"武舞"的主要内容之一，"干戚舞"成为原始社会非常著名且声势浩大的武术自卫演练活动。"干戚舞"中的动作是人们

---

① 吕不韦.吕氏春秋 [M].哈尔滨：北方文艺出版社，2014.

在长期的战争实践中总结出来的，具有攻防属性，这些攻防技能为后来武术套路的形成奠定了非常重要的基础。

原始"武舞"的痕迹在近代依然存在，尤其是在原始风貌明显的民族风俗活动中，我们能够看到"武舞"的影子，如"东巴跳"，这是云南纳西族的祭神"武舞"，在祭祀活动中，上百人手拿着武器一起狂舞。原始武术的图像在原始岩画中也有体现，在一些画有原始武术图像的原始岩画中战士排成横列，右手将短戈高举，傲然屹立；还有一些战士一手持盾，一手执武器，屈膝下蹲呈马步姿势，将原始武术的形态展现得栩栩如生。

（二）传统武术的形成

传统武术虽然起源于原始斗争中，但其还未形成有组织、有计划、有目的的体育活动，只处于萌生阶段，是原始文化的一个重要组成部分。我国步入阶级社会后，传统武术才真正开始形成。

奴隶社会时期，萌生于生产活动中的武术逐渐分离出来，作为一项军事技能被统治阶级利用，这时武术的发展呈现出专门化、复杂化的特征。夏朝的教育体制中出现了武术教育内容，主要向学生传授各种武艺，组织学生练习武艺。当时"手搏""手格"等是主要的内容。

殷商时期，随着传统武术训练的不断发展，训练手段也逐渐增加，田猎作为一种新的训练手段在这一时期发挥了重要的作用。在农业经济社会，田猎作为谋生手段的功能开始弱化，军事功能却不断凸显。在田猎过程中，士兵驱驰车马、弯弓骑射，可以锻炼自己的军事技能，有关田猎的记录在殷商甲骨文中就有。这一时期青铜冶炼技术也得到了一定程度的发展，受此影响能够促进武术杀伤力提高的精良兵器大量出现，如戈、矛、戟、钺、斧、刀、剑等。商朝在训练士兵时，为了鼓舞士气，还大量采用"武舞"的手段。

西周时期，"六艺"成为针对贵族子弟训练的主要内容，这也是统治者巩固贵族专政的一项手段。"六艺"中有些训练内容与武术的关系很密切，如"射"（射箭）和"御"（驾驶战车）。"乐"作为"六艺"中的一个重要内容，是一种舞蹈，主要动作是向东西南北四个方向分别击刺四次。因为动作的特殊性，所以有人将这种套路称为"打四门"，该套路对传统武术的发展产生了深远的影响，在传统武术基础套路和传统套路中也能够看到这些动作。另外,现今的学校还专门请一些将帅上武术课,促进了古代武术文化教育的发展。

春秋战国时期,诸侯之间的竞争十分激烈,随着战争的频发,武术格斗技能的发展上升到了一个新的高度。当时,诸侯各国十分注重选拔作战的人才,选拔人才的过程中主要看士兵的臂力、拳技及筋骨强壮性。古籍记载,齐国为了使本国不断强盛,改革兵制,命令官兵训练实战武技,并且大量征集民间的武术人才,鼓励人们自荐,如果发现有识之士不自荐,就要问罪。齐国为了选拔更多的人才,每年春秋两季都会举行"角试",武艺高强的人才是重点选拔对象,被选中的人才要随军队作战。因为齐国重视武艺的训练,所以军队作战能力很强,在战争中具有绝对优势,这也是齐国后来能够成为霸主的主要原因。

武术教学在春秋战国时期也有新的发展,这从"纪昌学射"的故事中就能够反映出来。故事中讲甘蝇是一位射箭高手,只要一开弓,就能使野兽伏地、飞鸟掉地。弟子飞卫向师父甘蝇学习射箭的本领,学成后射技高于师父。后来纪昌为学习射箭,想要拜飞卫为师。飞卫指出,要学射箭先要有不眨眼睛的本领,要先学习这个本领,然后再拜。纪昌听后回家躺在织机下,两眼紧盯踏板,一动不动,并且坚持了两年,练好了不眨眼的工夫,于是找飞卫拜师。飞卫又指出,光不眨眼还不够,还要掌握看的本领,等可以把非常小的东西看得很清楚,再拜师。纪昌听后回到家,将一个虱子捆在牛尾毛上,在窗口上悬挂牛尾毛,一动不动地盯着看,坚持三年后,他眼里的虱子大得像车轮,且看其他物体也非常大。纪昌准备试试射箭,于是取了一张弓和一支箭射向虱子,箭正穿虱子中间,牛毛依然完好。

奴隶制崩溃后,武艺逐步出现在民间百姓中,发展越来越多样化,突破了单一的发展。民间习武者喜欢相互比试武艺,在比武过程中对攻防技巧非常重视,且出现了反攻、佯攻等多种进攻形式,从而促进了武术技能的提高。随着传统武术的不断发展及武技水平的提高,武术理论逐渐从实践中脱离出来,并取得了一定的发展。

"越女"是越国非常有名的女击剑家,不仅剑技高超,还有自己的一套专门的技击理论。越女认为,剑术并不像人们表面上看上去那样浅显容易,其包含非常精妙又深邃的道理,如门户开合、阴阳变化等都是需要人们重点掌握的理论。在剑术练习中，要保持充沛的精神、沉稳的姿势以及安详的神态，宛若文静的少女，和别人交手时，要让别人感觉到自己强大的威力。越女的剑术理论对一系列矛盾的关系做了清晰的阐释，如动与静、攻与防、快与慢、虚与实等，这是较早的武术技击理论，为后代剑法的发展奠定了重要的理论基础。

在春秋战国时期的战场上，剑术是士兵征战杀敌的重要手段，除了这一特殊的作用外，剑术也是一种表演艺术。不管是作为打仗的手段，还是作为娱乐的手段，剑术的好坏都与格斗者的生死存亡有直接的关系，可见剑术是一项非常重要的实战武技，实用性很强，并非华而不实。在剑术格斗中，一般先用假动作来迷惑对方，待对手做出相应的动作时再动手，动作要急如闪电，虽然这是后发制人，但能取得良好的效果。可见，我国的传统武术技击理论早在2000多年前就比较成熟了，技击理论的成熟是我国传统武术体系逐步形成的重要标志。

二、传统武术的发展

传统武术具有健身防身的作用，这也是其能够繁衍至今且日益发展的主要原因之一。武术可以使百姓强身健体，可以帮助人们反抗压迫，御强抗暴。因此，在封建社会中，百姓对武术的感情很深厚，希望通过习练武术来摆脱欺凌和迫害，武术广泛的群众基础促进了其自身的长远传播与持久发展，同时也促进了独特的武术民族风格的形成。

隋唐是中华传统武术的大发展时期，在这一时期，武术器械种类越来越多，形制越来越复杂，各种兵器、武艺百花齐放，呈现出多样化趋势，武术表演项目的发展也有了很大的进步。

明清时期，武术迎来了大繁荣时期，形成了众多流派，不同风格的拳种和武术器械都得到了不同程度的发展，作为健身手段、军事技术的武术，因价值多元化得到了越来越多的人的认可。中华人民共和国成立后，党和政府非常注重对传统武术运动的普及和研究，从而促进了武术运动的持续发展。武术的健身、防身、自卫等作用使其具有较强的时代适应能力，在新时期得到了新的发展。

（一）"武举制"的出现

隋文帝统一中国后，废弃了"九品中正制"，建立了新的选才制度，提倡以文取士，目的是选拔更优秀的人才。隋朝虽然短时间就灭亡了，但它使得中国数百年来的分裂割据局面结束，实现了全中国的统一，对国家机构进行了完善，对促进后代的发展做出了重要的贡献。隋灭亡后，唐承隋制，仍采用科举制度进行选才。公元 702 年，武则天以科举选才为基础，首次创立新的选举制度——武举制，以武选才的先河由此开创，并延续了 1200 年，该制度的实施在推动武术发展中发挥了重要的作用。

武举制一直延续到公元 1901 年才被废止，历经了不同的朝代，虽然内容上也有不同的变化，但无论如何变化，唐朝的武举制始终都是参考的基础。武举制的实施激发了百姓的习武热情，推动了练武活动的开展，不管是官方还是民间，习武之风都很盛行。唐朝在实行武举制度的过程中发现了大量的人才，如郭子仪就是在武举制中选拔出来的，其在平定安史之乱中做出了重要的贡献，受到了后世的敬仰。

唐朝除推行武举制来选拔人才外，还制定了各种办法来对习武者予以奖励，有一技之长的人只要在相关活动中展现出自己的技艺，就可以获得物质奖励和朝廷颁发的荣誉称号。例如：将"伎术之士"的称号授予力大无穷者；将"矫捷之士"的称号授予马术高超者；将"猛殿之士"的称号授予能拉巨弓，擅长长矛和剑器的人，这些措施促进了尚武任侠之风在唐代的形成与扩散。

随着练武风气逐渐兴盛，唐朝出现了许多能人志士，如李元吉骁勇善战；李世民"结纳山东豪杰"，在秦王府蓄养"勇士"八百余人，其中有广为传颂的程咬金、尉迟恭、秦琼等历史人物，这些武将武艺超群，各有自己的特长和风格，如尉迟恭可以空手夺枪，在战场上即使单枪匹马杀敌，也不会被敌方伤到，对方伸来枪反而会被他夺走，从而将敌人刺杀，这是一般武将无法达到的水平。

唐朝同样很重视剑术的发展，这一时期也是剑术发展的辉煌时期，虽然军队中用刀代替剑，但民间很盛行剑术。唐朝时期精通剑术的将军有裴旻等人，有一次裴旻邀请吴道子去天宫寺做壁画，吴道子不接受裴旻的酬金，以"废画已久，神气委顿"为由，要看将军舞剑，以此来提神。裴将军"剑舞若游龙，随风萦且回"，吴道子看了不由"挥毫图壁，飒然风起，俄顷而就，若有神助"。[1]唐代"三

---

① 温立.中国武术概论 [M].北京：人民体育出版社，2005.

绝"历来被人称道，分别是裴旻的剑术、张旭的草书、李白的诗歌，可见作为文体形式的传统武术已有了非常重要的影响。

唐代武人、文人都喜欢剑，前者喜欢练剑，后者喜欢佩剑。唐代著名诗人李白从小就喜欢击剑。他剑术高明，被好友崔琮称赞"起舞拂长剑，四座皆扬眉"。[①]杜甫也学过剑术，他笔下的公孙大娘舞剑更令人叹为观止。由此能够看出，当时的剑术套路水平已经很高了。公孙大娘的剑舞具有舞蹈属性，艺术化加工色彩明显，所以不同于后来以攻防格斗为主题的武术套路。发展武术套路需要积累丰富的动作素材，从不同的素材中汲取营养，唐代高度发达的舞蹈尤其是"武舞"对武术套路的发展来说就是非常重要的素材。唐朝时期是封建社会繁荣发展的鼎盛时期，唐代文化十分开放，中外文化交流频繁。所以，我们可以从唐代武术中看到外来文化的因素，外来文化影响了唐代武舞、弓射、摔跤等活动的发展，促进了传统武术文化的发展。

（二）传统武术民间组织的进一步发展

宋朝时期，阶级矛盾、民族矛盾都很尖锐，战争频发，因此武备受到了统治者的重视。在宋代的科举体系中，武举也是非常重要的一部分，武举制将三组考试的程序确定下来，并确定了考试的方法，即策论兵书在内场考、武艺在外场考，这一时期的武举制度比唐朝时期更规范、公正。宋朝的军事训练方法较为统一，考核标准也比较统一，促进了军事训练的规范化、系统化发展。随着兵器种类的不断增加，武艺发展的多样化趋势也越来越明显。

宋朝时期的武术运动不仅在军事领域得到了很大的发展，在民间的发展也取得了很大的进步，受战争及尖锐的社会矛盾的影响，广大农民自发建立社团，传授与学习武术，以备战御敌，武术组织由此不断发展壮大，其中有些组织规模较大，影响力也很大，如"弓箭社"。弓箭社作为规模较大的一个民间组织是百姓自发成立的，入社者要自己准备一张弓、三十支箭。早期出现在河北北部地区的弓箭社是在乡社的基础上建立起来的，参与该社团活动的人非常多，该社团也逐渐出现在更多的地区。随着社团的成立，民间习武爱好者团结起来，以乡为社，

---

① 温立.中国武术概论[M].北京：人民体育出版社，2005.

在农闲时积极习武。总之，在传授民间武术、推动武术发展方面，"社"的出现提供了非常重要的条件。

除弓箭社外，宋朝知名的"社"还有忠义社等，这些组织的成立主要是为了习武抗金。因为受到了统治者的支持，习武的组织在大江南北遍及开来，这些组织中传授的武术以实用之术为主，注重发挥武术的军事作用，民间组织的成立推动了武艺在民间的进一步发展。宋仁宗时期，棍子社（河北）、霸王社（山东）、亡命社（扬州）等以反抗压迫为主的习武组织在民间开始出现，这些组织中传授武技的人一般被称为"教头"，虽然官方禁止这些组织活动，但民间结社习武的现象依然十分普遍。

宋朝时期，商业的繁荣发展和不断壮大的市民阶层，促进了武艺结社组织在城市中的形成和发展，这些组织主要以健身、娱乐为目的。此外，城市中还出现了"瓦舍""勾栏"等一些游艺场所，这些场所带有群众性，目的是满足市民的娱乐需要。大量以表演武艺谋生的职业民间艺人在这些场所出现，他们表演的武术统称"百戏"，主要包括踢腿、角抵、使拳、使棒、弄棍、舞剑、舞刀、舞枪以及打弹等内容。这些表演既有单练形式，又有对练形式，促进了武术套路的发展，武术发展的表演化趋势也越来越突出。

南宋时期，"相扑社""角抵社""英略社"（以习练棒术为主）等民间武艺结社组织出现在都城临安。角抵社是摔跤组织，由民间相扑艺人自发成立，分三回合进行摔跤比赛，不管是场地、规则还是仪式，都类似于今天日本的相扑，拽直拳、使脚剪可以出现在比赛中，在瓦舍中表演的情况居多，还有大量的民间艺人参加"露台争交"，优胜者可获得物质奖励和官职奖励。这些民间组织的成员都很多，其中不乏职业习武者，不同组织的成员也有专门的称谓，如角抵社的专业角抵手被称为"好汉"，弓箭社的职业习武者被称为"武士"。

除角抵、手搏等对抗性武术外，套子武艺的发展也有很大的进步，其不仅在军事训练中有很重要的地位，在民间也有了新的发展，按一定规律演进发展的套子武艺促进了中国古代传统武术基本格局的形成。

古代典籍中有关于"十八般武艺"的记载。《翠微北征录》中记载："臣闻军器三十有六而弓为称首；武艺一十有八而弓为第一。"主要强调弓箭在战争中的重要地位，同时反映了当时的兵器种类繁多。有关宋代武艺的发展，从当时的杂剧、戏文、小说中也能够反映出来，如《水浒传》《说岳全传》《杨家将》等描写的主人公大都是武艺高强、功夫独到的杰出人物，可见武术在宋代的发展已经达到了很高的水平。

（三）传统武术流派的大发展

元代存在着非常尖锐的民族矛盾，所以民间习武之风受到了蒙古贵族统治者的限制，习武组织也先后解散或转为秘密组织，这严重阻碍了传统武术的发展。元朝的统治在元末农民起义中被推翻。1368 年，朱元璋建立明朝后，中国传统武术重见光明，且发展突飞猛进，进入了新的发展阶段。

明朝建立后，蒙古瓦剌部与明廷的矛盾非常尖锐，我国北方地区面临着严重的军事威胁。同时，日本西部地区破产的封建主、武士、商人、浪人等受到日本封建诸侯的支持，在我国东南沿海地区实行烧、杀、抢、掠的野蛮活动。明朝面临着抵御倭寇的重要任务，因此十分注重军事的发展，作为军事手段的武术自然也得到了重视，明代是传统武术集大成发展的重要时期。

随着明代传统武术的不断发展，武术有了新的分类方法，不再以刀、枪、棍等器械为依据来分类，而是以流派分类，不同地区的流派形成了不同的风格，如拳术分为内家拳、少林拳、长拳、猴拳等。同时，一些拳种还形成了自己的拳种体系，如形意拳、太极拳、八卦拳等。可见，当时的拳术颇有百花齐放发展之势，擅长某种拳种的人，其姓氏会被用来命名拳名，拳术体系逐渐完善起来，这也是中国武术体系形成的重要标志。

朱元璋重视文武全才，这一思想推动了明代武术的大发展。明代不仅有很多拳法，也有丰富多彩的器械套路。可见，传统武术从军事格斗技术中脱离出来后形成了新的运动形式，且以套路为主。

在传统武术的传承中，早期以口传身授的形式来保留一些技巧，很少有相关的文献形式。明代受重视文武全才思想的影响，有关武术的文献著作非常多，并且有相关的配图，使得珍贵的武学遗产得以保留，后世学者在武术研究中有了可参考的素材和理论依据。

清朝时期，满洲贵族限制民间练武，限制民间各种形式的武术活动，以此来维护自己的统治地位。因为当时武术的群众基础非常广泛，且反清复明组织也大量出现，所以人民群众习武练功的现象从未消失，反清复明者希望通过习练武术提高技能，进而推翻清朝统治。在这一过程中不同流派的武术都得到了一定的发展，如外功、内功，南派、北派，太极门、形意门、八卦门，少林派、武当派，长拳类、短打类，等等。武术流派林立是传统武术兴旺发达的重要象征，但因为各派之间交流较少，无法形成良性的发展局面。

内功是武术中一个比较特殊的分支，在清代开始形成。这一流派是在结合道教养生、内丹术和导引术等传统文化的基础上形成的，包括许多新的拳种，有形意拳、太极拳、八卦掌等，这些拳种的共同特点是注重内练，不同拳种在这一时期都得到了迅速的发展。此后，在军事领域中，冷兵器的地位下降，武术从传统文化中不断吸收新的养料和新鲜的血液，以此来促进锻炼形式的丰富和技法理论的完善，可见传统武术在沿着体育方向发展的过程中具有了很强的适应性和时代性。

（四）传统武术文化的成熟

清末民初，西方文化及西方体育传入我国，提倡国粹体育的呼声在社会中日渐高涨，我国人民开始重新认识中国传统武术，社会上兴建新兴社团，这些社团的主旨是研究武术和开展武术活动。在内忧外患的困境中，有识之士反思中国武术的前途，推动传统武术文化的发展。

1909 年，上海精武体育会成立，宣扬武术的健身作用，推动武术在城市的传播与发展。上海精武体育会由霍元甲创建，霍元甲对中国武术十分精通。1901 年，霍元甲在与被称为"世界第一大力"俄国拳师的比武中不幸落败，从此立志继续修炼，传播武术，保家卫国，抵御外来侵略者，于是他广收弟子，致力于传授拳术。

当时，中国工商界、文化界的有识之士对精武体育会给予了很大的支持。中国民间传统武术由此广泛传播，大力发展，精武体育会首次融合武术和海外文化，为中华武术的发展赋予了重要的意义。几年后，马良邀请一些武术名家对新的武术套路教材进行创编。武术名家集思广益，经过长期的努力最终创编了《中华新武术》，该教材中有对西方体操、兵操的借鉴，并在借鉴的基础上将民间的武术整合成武术操，武术操早期主要在军队传播。

1914 年，马良创办"武术传习所"，旨在推广"中华新武术"，这推动了传统武术在我国的广泛普及和进一步发展。"中华新武术"的传播并非以师徒口授单传为主，而是将团体教学和操练作为主要传播手段，这也为学校开设武术课程提供了重要的参考。

随着民间武术发展的不断规范，将武术引进学校教育的呼声越来越高。1915年4月，"全国教育联合会"第一次会议在天津召开，《拟请提倡中国旧有武术列为学校必修课》的提案在这次会议上通过，当时的教育部明确要求各学校传授中国旧有武技，这是武术正式进入学校教育的重要标志。随着武术教育的发展，武术研究也受到了重视，主要表现就是武术论著的出现，如《内家拳研究》《少林武当考》《太极拳浅说》等，从这些著作的内容可以看出，学者在研究武术的过程中越来越重视对现代科学观点的运用。总之，民国时期的传统武术有了极大的发展。

1923年，首次中华全国武术运动大会在上海举办，这是中国体育史上第一次举办武术单项运动会，旨在推动习武者的交流，参赛的有北京体育研究社、精武体育会等，共计20多个单位、40多名运动员。这次运动会突破了传统武术街头表演、庙会献技的形式，采用近代体育的竞赛形式，体现了传统武术的竞技化发展趋势。

中华人民共和国成立后，传统武术运动在我国各个地区蓬勃开展起来，不仅武术汇报表演定期举办，还在一些高校设置了武术专业。此外，也组织了大量的专业人员对传统拳术加以继承，广收众家之长，将简化太极拳、初级长拳、中级长拳以及器械套路整理了出来。全国各地先后建立武术协会来促进民族文化的弘扬和武术活动的开展，随着活动的开展，习武健身者逐渐增加。为规范武术运动的开展，国家还设有专门的机构来组织武术运动，后来武术也被列为一些大型体育运动会的正式比赛项目。这些措施都推动了武术运动在我国的广泛普及，促进了武术研究工作的大力发展和武术文化的繁荣。由此，群众性的传统武术运动在我国城乡各地得到了非常广泛的推广。

20世纪80年代，对外开放的政策大力实施，我国加强了与外国的体育交流与文化交流，并将武术带到国外，展示中华民族优秀武术文化的风采。中国传统武术兼具健身、教育、经济、欣赏等价值，因此吸引了大量的国外武术爱好者参与其中。我国也不断派人到世界各国表演武术，加强与各国各民族人民的武术交流。目前，欧美等国家和地区也开始发展中国武术，如"全美中国武术协会"在美国成立，少林功夫学校在纽约、芝加哥、旧金山等城市创办等。我国将武术运动传播到世界各地，既能促进体育文化的融合发展，又能巩固同各国人民的友谊。

1999年，武术的发展取得了历史性的突破，具有标志性的事件是国际武联正式成为国际奥委会的国际单项体育联合会成员。2001年，北京申奥成功后，国际武联积极为"入奥"工作做准备，最终使武术表演赛出现在了2008年北京奥运会的赛场上，通过奥运会这一重要的平台，向世界各地的人民展示了中华武术和中华传统文化的魅力。

第二节　传统武术运动的基础理论

一、传统武术的概念

随着竞技武术在20世纪50年代的出现，固有的武术成了传统武术。学术界引用"传统武术"一词后，对其概念做了不同的界定，具有代表性的有以下几个观点。

①在中华人民共和国成立以前的武术就是传统武术，这是从时间角度做出的界定，比较模糊。

②传统武术是形成并发展于我国农耕文明背景下的中华民族传统体育活动方式，主要内容包括套路、散手、功法练习，传承方式是家族传承或师徒传承，主体价值为提高技击能力，注重体用兼备。这一概念没有将古代军事武术包含在内，古代军事武术与传统武术相互依存、相互转化，并没有特别严格的区分和界限，并且体育并不是古代传统武术的主要功能。

③传统武术是形成于中国古代冷兵器时代的民间技击术，它并非现代社会的产物。这一说法过于强调传统武术的技击性，将其作为一种古代技击术看待，时间上的说法不合理，因为近现代都有传统武术。层次上的说法也不严格，不能说传统武术就是民间武术。

④传统武术是民间各个武术流派的技术总称，是经过我国人民长期实践积累与发展起来的。这一概念对武术的内涵特点、价值功能没有过多地涉及。

⑤传统武术是在几千年的中华民族历史中不断传承发展的，人类与大自然不断地抗争，推动了传统武术的萌发，在人与人激烈争斗的情况下，技击武术便诞

生了。这其中汇聚了劳动人民的智慧，他们在同大自然做斗争的过程中逐步总结和创编，最终使其成体系，形成了我们现在看到的民族传统运动。它的历史悠久、特点鲜明，是我们国家十分珍贵的文化遗产。

⑥传统武术指的是竞技武术以外的具有"流传有序，体用兼备，理、法、势齐全"特征的武术拳种。从这一概念的意思来看，似乎只要参与竞技的武术都不是传统武术，这是错误的观点，也有一些传统武术参与竞技，传统武术与竞技武术并没有绝对的界限。

⑦传统武术是在中国传统文化的影响下，以技击动作为载体，以提高技击能力为目的，集健身性、技击性、文化性于一体的各种自成体系的拳种的总和，注重形神兼备、内外合一。这虽然是比较确切的说法，但内涵和外延不够深化、全面。

综上，我们可以将传统武术的概念界定为，传统武术是在中国农耕文明背景下，受中国传统文化的影响，以攻防技击为主要内容，以套路、格斗和功法练习为主要运动形式，以家族传承、师徒传承为主要传承途径，以提高攻防技击能力为主要目的，注重内外兼修，融健身、修心、养生、技击、教育、医疗于一体的各种自成体系的拳种的总称。

二、传统武术的内容分类

我国传统武术历史悠久，在漫长的发展历程中形成了丰富多彩的内容，主要表现为拳种丰富、流派众多、形式多样，对如此繁多的内容进行解析与研究，需要先对其进行分类，按照类别来分析更加直观和系统。

武术界一直很重视科学、全面且系统地对传统武术进行分类。随着传统武术的不断发展和社会的进步，传统武术的价值逐步变化，武术分类也在不断完善，这种变化与完善使得传统武术运动向现代化、规范化的方向发展。因此，下面我们在分析传统武术的传统分类方法、现代分类方法后，从价值视角出发对传统武术进行新的分类。

（一）传统分类方法

历史上很早就有了对中国传统武术内容的分类，不同的历史时期有不同的分类方法，古籍和史料中都有相关的记载，甚至有的分类方法一直沿用到今天。我国历史上比较具有代表性的传统武术分类方法，如表 1-2-1 所示。

表 1-2-1　传统武术分类方法

划分方法	内容
按地域划分	南派武术
	北派武术
按内外家划分	内家拳
	外家拳
按姓氏划分	杨、陈、吴、孙、武氏太极拳等
	马家枪、杨家枪、石家枪等
	洪、蔡、刘、莫、李家拳等
按门派划分	少林派
	武当派
按流域划分	长江流域武术
	黄河流域武术
	珠江流域武术
按拳术特点划分	长拳类
	短打类
按山脉划分	少林派
	武当派
	峨眉派

表 1-2-1 中的分类方法形成于武术发展的不同历史时期，经过了长期的演变流传至今。在武术的传统分类中，不同时期、人物和特定背景是主要影响因素，这些分类方法可以简单概括武术的历史发展。因为受历史条件的限制，这些分类方法的缺陷也是显而易见的，如分类单一、笼统，内容模糊、概括片面等。

整体来看，这些分类方法都具有片面性，即只能够将武术的部分内容呈现出来，无法对武术的整体内容进行全面的概括，分类层次也比较浅显，如以姓氏命名的流派还停留在较低的表层上，无法呈现出传统武术的全貌与整体。

（二）现代分类方法

从中华人民共和国成立到 20 世纪 70 年代，社会上流传的传统武术分类法侧重于根据不同拳术的技术特点来进行分类，因为当时开展的武术运动类型比较少，所以武术主要以套路运动这一单一形式为主要内容。20世纪70年代末，武术搏斗运动形式重新出现，促进了武术分类方法的新发展。当时主要将我国传统武术分为两种形式，具体包含五个不同的类别，这种分类方法至今在武术教材中仍可以看到。

近年来，"传统武术"和"竞技武术"的两分观点在武术界逐渐形成，并且影响很大，在这一分类的基础上，许多武术学者及专家对这两种类型的武术进行了相应研究，为两种类型武术运动的发展提供了重要的理论依据。现代武术从传统武术中吸取技法结构，并以此为基础不断发展，价值取向的变异非常明显。现代武术更具有突出的竞技价值和健身价值，它的多元化发展趋向越来越明显。所以，提出以价值功能为依据对武术类型进行划分的观点。

如表1-2-2所示，为传统武术的现代分类方法，可以看出依据运动形式、价值功能来对传统武术进行分类的方法，虽然比传统分类方法更具科学性和规范性，更能够全面分析与归纳中国武术的基本内容，但也存在缺陷与不足，如虽然提出应从价值角度出发对武术进行分类，但并没有详细说明武术的"价值"是什么，只是笼统地依据武术的价值功能将其划分为"健身武术""竞技武术""实用武术"和"学校武术"等几种类型。所以，虽然分类方法有了进步，但仍不够清晰和全面。

表1-2-2　传统武术的现代分类方法

划分方法	内容	举例
按运动形式划分	套路运动	拳术
		器械
		对练
		集体表演
	搏斗运动	散打
		推手
		短兵
按价值功能划分	健身武术	—
	竞技武术	—
	实用武术	—
	学校武术	—

传统武术发展至今，是以多内容、多形式、多类别以及多层次、多功能的特点相互紧密联系整体显现的，所以，应在分类中全面展现武术的这些特点。综上，在现代背景下对发展至今的传统武术进行分类，更有利于推动传统武术的发展和推广。

（三）价值视角的武术分类方法

传统武术的价值主要体现在传统武术满足实践主体的需要方面。人类在漫长的历史发展中产生了利用传统武术从事实践活动的需要，又将武术这一客体和实践主体及其需要连接起来，使二者相互作用，从而使传统武术的潜在价值向现实价值转变，因此实践活动是传统武术价值得以实现的主要途径。

传统武术价值反映了传统武术客体和参与主体的特定关系，体现了传统武术的属性与参与主体的实际需要的统一。传统武术价值是一种抽象的"意义"或"作用"，并非实体概念，更多的是体现了一种关系，将客体与主体联系起来。在主客体的这种关系中，武术作为客体，构成了武术价值的物质基础，离开该客体及该客体的属性，就谈不上武术价值；主体及其需要是实现武术价值的必要条件。因此，武术价值既包含武术客体的属性，也包含武术主体的需要，是主客体属性与需要的统一。

从价值视角出发来划分传统武术的类型，更能够将传统武术的本质属性客观地反映出来，从而将中国武术固有的价值形态展现出来。同时，传统武术是中华民族传统文化的历史"积淀"，各种表现形式虽然都具有健身、攻防、养身、审美等价值，但随着传统武术的不断变迁与发展，其价值也会随着时间空间条件、主体客体属性以及特定背景等因素的变化而变化，这反映了传统武术价值的相对性特征。例如，中华人民共和国成立后，随着社会经济、文化的快速发展，以及人们价值观的改变，武术价值产生了明显的变化，一些传统武术套路从本质上发生了变化，成为以技击动作为载体的艺术表演形式。20 世纪 50 年代后期发展起来的竞技武术套路也说明了武术价值的变化。有些武术内容本质上便成为健身、养生术，比之前更加纯粹，价值更加凸显；有些内容将传统的攻防技击传承下来，在此基础上不断发展。这些都反映了在现代社会背景下传统武术的发展态势。因此，依据传统武术在现代社会背景下的价值形态，可以将其划分为三种不同的类型，如表 1-2-3 所示。

表 1-2-3　传统武术价值形态分类方法

类型	内容	价值
技击武术	短兵	防身自卫、维护治安
	长兵	
	竞技散打	
	军警武术等	
技艺武术	各拳种竞技套路	娱乐价值、审美价值、观赏价值等
	艺术演练性的套路	
养生武术	与养生、导引、气功结合的健身武术	增进健康、强身健体、修身养性
	各拳种修身功法及健身套路	
	太极拳等对抗性活动	

　　从上表能够看出，从价值视角出发对传统武术进行分类的方法，可以将武术的价值凸显出来。此外，这种分类方法也使人们对套路与技击关系的争论停止，人们逐渐认识到并不是所有的武术套路都以攻防技击为基础，也不是所有的武术套路都与技击没有关系。该分类方法将武术发展理论的基本概貌清晰地勾勒了出来，为今后传统武术的发展提供了理论基础，使不同类的武术都能够满足社会需要及实践主体的需要。就像西方学者艾弗雷德·库恩（Alfred Kuhn）所说的："对事物进行分类的方法很多很多，从绝对的意义上讲，没有任何更好的分类体系，它的用处取决于眼前的目的。"[①]

　　价值分类法不仅将传统武术的当代发展趋势呈现了出来，对传统武术的众多技术内容也进行了全面的概括，这种分类方法还有利于将更广泛的发展空间提供给传统武术，使传统武术实现可持续发展的目标，任何一种价值体系下的技术内容都是动态变化的，有继续充实完善的可能性。与此同时，这种分类方法对传播与推广传统武术也很有利，能使世界各国人民更清晰地了解中国传统武术，为人们学习提供了方便。

　　总的来说，我国有关传统武术分类的研究还处于初级阶段，我们应进一步将各类武术的关系理顺，以各类武术的特点为依据，加快武术价值理论体系的构建。只有深刻认识与理解武术的本质与价值，并与当代社会需要和文化价值选择相结

---

① 蔡纲，丁丽萍. 中国武术的分类 [J]. 上海体育学院学报，2007（05）：65-68.

合，才能在切实可行的操作平台上探讨武术的分类问题，也才能更好地推动传统武术的全面持续发展。

第三节　传统武术运动的文化内涵

一、武术的特点

不同的时代背景下，武术表现出的特点也是有所差异的。具体来说，主要表现在文化和运动两方面。

（一）武术的文化特点

1.注重和谐的价值观

我国现阶段发展的主要目标，就是建设社会主义和谐社会。"和谐"这一思想则充分体现出了我国传统文化的精髓，这里所说的和谐，不仅包括人与人、人与社会、人与自然等方面，还包括自我身心的和谐，因此这里所说的和谐是多方面的和谐。通过分析和研究武术文化，可以得知我国的武术将"和谐"这一价值观念深刻体现了出来。具体表现为在进行武术练习时，练习者要做到身心的合一，使身心的协调发展得以实现。

2.反映刚健有为的民族文化精神

刚健有为是我国重要的民族文化精神，"天行健，君子以自强不息"充分反映出了我国的民族文化特点。我国的传统武术文化将我国刚健有为的民族精神充分反映了出来。我国的传统武术不仅能够使练习者勇武顽强的精神得到锻炼，还能够使观赏者通过观看武术表演来达到震撼心灵的效果。武术锻炼能够使练习者外柔内刚，在心态和心理上将刚健有为的民族文化精神体现出来。

3.注重形神兼备

武术的修炼历来对形神兼备较为重视，外部表现为"形"，内在、心理和精神的则为"神"，两者只有统一起来，才能够达到武术的最高境界。武术的所有的外在动作都是在内在的"神"的支配下完成的，需要练习者"形""神""气""意"达到和谐统一。如果只有外在之形，那么所学到的各种武术动作就只是皮毛，对武术的精髓是无法真正掌握的。形神兼备是武术的灵魂，如果不能做到形神兼备，则武术就会脱离其本质内容，这也不是真正意义上的武术。

4. 思维方式是对立统一的

我国传统文化对于对立统一向来是比较重视的，主张坚持从整体性思维来看待事物，同时进行全面的分析。我国著名的典故"塞翁失马"，就充分体现出了这一思维方式。我国传统武术的各项动作技术讲求攻防的相生相克，对虚实的掌握、动静的结合等较为注重，这在一定程度上体现出了对立统一思维。另外，坚持对立统一就是从整体上认识和理解事物，我国传统武术的习练不仅对单个动作的衔接较为重视，同时对于整套动作的一气呵成也是较为注重的。

（二）武术的运动特点

武术有着较为显著的运动特点，可以将其大致归纳为以下几个方面。

1. 动作的攻防技击性

攻防技击性是武术最为基本的特点，正是因为这一特点，武术才得到了进一步的发展。为了进一步提高攻防技击的规范性，在现代武术比赛中，要求运动者遵循相应的技击规则，使意外受伤情况得到有效避免。武术运动的各种套路正是由踢、打、击、摔等技击动作组合而成的。武术通常会通过增加一些不具备攻防意义的其他动作来保持套路的连贯，为人们进行习练提供了一定的方便。需要强调的是，技击动作仍是其核心内容。

2. 运动的内外合一

武术习练对形神兼备较为注重，具体到技术动作层面，就是要求练习者要具有内外合一的观念，从而进一步提升武术技艺。具体来说，"外"是外在的形体活动，"内"则是人的精神、意识和气息的活动。要做到内外统一，就要求内外有机结合。内外合一是多方面的，其中做到气息与动作的相互配合就是比较重要的一个方面。

3. 适应性较为广泛

我国武术有着多种多样的类型，且流派分立，形成了各自独特的武术风格。不同的武术类型其练习方法、武术技巧等方面也存在着一定的差异性，这就使得不同年龄阶段、性别和体质的人群都能根据自身情况找到适合自己的武术项目。人们在选择武术运动项目时，要以自身的体质特点以及兴趣爱好为依据。另外，随着我国各界对于武术重视程度的提高，为了使得武术与现代人们的健身需求相适应，很多适合人们日常习练的健身武术逐渐得到传播，这就为武术的进一步传播与发展奠定了较为广泛的群众基础。

4. 多种武术项目并存

经过多年的发展，我国如今的武术已经形成了众多的流派，拳种林立，体系庞杂，武术博大的内容体系逐渐形成。同时，这也在一定程度上使武术的管理难度有所增加。总的来说，造成我国多种武术流派并立发展局面的因素主要有三个方面，即地域因素、社会经济因素、社会文化因素。另外，武术流派分立局面的产生，在很大程度上受到我国经济、政治、文化等各方面的影响。当前，随着我国经济社会的不断发展与进步，人与人、地区与地区之间的交流逐渐增多，各地的风俗习惯也在逐渐发生改变，这就为各武术派系之间的交流、武术体系的发展起到了积极的促进作用。

二、武术的作用

每个人对武术功能要求的侧重点不同。武术的作用，可以大致归纳为以下几个方面。

（一）增强体质

武术运动在锻炼身体方面有着较为显著的作用，武术锻炼能够使个人的身体素质得到提高，同时使体质得到增强。长期从事不同形式的武术锻炼，能够对身体产生多方面的良好影响。经常进行武术锻炼，还能达到壮内强外的效果。比较具有代表性的是手法、身法、步法、腿法和屈伸、跳跃、翻腾、跌扑等在内的长拳类动作内容。内在神情的贯注、呼吸的配合以及人体各个器官的积极参与，能够对人体新陈代谢机能的良好发展起到促进作用。特别是坚持基本功训练，能够使人体肌肉力量增强，肌肉、韧带的伸展性增强，关节运动幅度加大，柔软性得到有效发展。例如，长期进行太极拳的练习，能保持轻松愉快的情绪，并刺激身体使内分泌物质保持适度的均衡。

（二）防身自卫

习武的一个重要目的就是防身，这是武术锻炼者非常明确的目的。练拳习武，能够使体质得到增强。学习一定的攻防格斗技术，掌握防身自卫的知识和方法，有助于使人体的灵活性以及应对意外情况的能力得到有效提高。

（三）娱乐观赏

供人娱乐观赏也是武术重要的作用之一。武术运动的观赏价值很高，主要表现在以下三个方面：第一，套路表演的节奏美；第二，踢、打、摔、拿、跌巧妙结合的方法美；第三，内外合一、形神兼备的和谐美。除此之外，搏斗对抗中双方激烈的争夺、精湛的攻防技巧、敢打敢拼的斗志，也在很大程度上给人一种美的享受和精神上的激励。群众性的武术活动讲究"以武会友"，可以切磋技艺、交流思想、增进友谊，从而使人民群众的业余文化生活得到进一步的丰富。

（四）培养良好的道德情操

在进行武术锻炼的过程中，锻炼者能对自身的道德情操进行良好的提升。武术在长期的发展中，继承和发扬了中华民族重礼仪、讲道德的优秀传统。尚武崇德的精神有助于锻炼者养成尊师重道、讲礼守信、宽以待人、严于律己等高尚的道德情操。

三、武术的文化精髓

（一）武术与哲学文化

1. 武术的阴阳思想

阴阳是一对对立统一的矛盾体。向日为阳，背日为阴。整个世界就是阴阳对立统一运动的结果。武术与阴阳学说的关系较为密切，先秦时期就有了"顺阴阳而运动"的思想，武术技击中蕴含着阴阳学说，武术的进攻和防守都与阴阳变化有着一定的关系。《庄子》认为："且以巧斗力者，始乎阳，常卒乎阴，泰至则多奇巧。"[1] 这不仅将武术的"奇巧"变化应遵循阴阳的转化规律和法则指了出来，还将"夫为剑者，示之以虚，开之以利，后之以发，先之以至"提出来，将在武术格斗中阴阳转化得当的一方能以奇巧制胜明确下来。[2]

---

[1] 庄子.庄子 [M].夏国强，注译.武汉：长江文艺出版社，2020.

[2] 郑勤.荆楚武术 [M].北京：人民体育出版社，2010.

2. 武术的太极思想

"太极"一词最早是在《周易·系辞上》中出现的，其中记载："易有太极，是生两仪。"[①] 其大意为两仪即阴阳，太极以阴阳为内涵，衍生万物。武术之中，太极拳是最能体现太极之道的，太极拳的拳理将太极思想中的阴阳辩证之法充分体现了出来，是中国传统太极文化在武术中的最好体现。太极拳家认为，太极是世间一切的原动力，任何事物的发生、发展都蕴含着太极的变化，不管是宇宙还是人体都是如此。太极拳与太极图中的阴阳消长、转化规律是一致的。在练习太极拳的过程中，攻守双方的臂膀组成环状，你进我退，粘连黏随，变化万千，这与彼阴吾阳、相互消长、交替变化的太极之道是相符的。从拳风上来说，太极拳动作圆活，招式不离圆弧形，动作之间圆转连贯、一气呵成，将太极之理很好地体现了出来。

3. 武术的八卦思想

八卦学说有着悠久的历史，是一门庞大的思想体系，由太极衍生而来，无极生太极、太极生两仪、两仪生四象、四象生八卦。八卦学说对万物之间的联系进行了肯定，其主要观点为事物的生长具有其自身的规律性，并以这种规律性为依据对事物的发展和走向进行推测，同时又把发展理解为各种矛盾趋向和谐与不断往复（递进式）的过程。

作为武术的重要组成部分，八卦掌与八卦学说关系紧密。八卦掌原名"转掌"，其运动形式主要是绕圆走转，所绕圆圈正好经过八卦的八个方位，又以人体各部位比对八卦，因此被称为八卦掌。八卦掌取象于数理，立体于八卦，八卦掌借用八卦的数术对其拳技的层次和系统进行规范，以八个基本掌法比附八卦，以六十四掌比附八八六十四卦。解释八卦图形含义的基本理论是"易理"，主要包括三种基本思想，即简易、变易、不易。八卦掌以"易理"为理论依据对拳技进行规范。

4. 武术的五行思想

五行包括木、火、土、金、水五种物质。五行学说是古人认识宇宙、解释万物变化的一种学说。古人用类比法将自然界的万物进行了归类，并对万物之间相

---

① 周易 [M].冯国超，译注.北京：华夏出版社，2017.

生（木生火，火生土，土生金，金生水，水生木）、相克（木克土，土克水，水克火，火克金，金克木）的相互关系与作用进行了阐述。武术中将五行学说作为技击理论基础的比较具有代表性的是形意拳，它以五行学说为指导思想，在拳法中突出"阴阳五行生克制化"的变化规律。在形意拳的动作技法中，劈拳属金、崩拳属木、钻拳属水、炮拳属火、横拳属土，并且各个拳法之间存在着与五行学说相对应的相生相克的关系。此外，五行拳的各种拳法对应人体脏腑，与人体生理功能关系密切。形意拳综合五行之说，有"形意合一""内外同化"之效。除此之外，"天人合一"与"形神统一"也与武术有着较为密切的关系，是武术在哲学文化方面的体现。

（二）武术与宗教文化

宗教作为一种意识形态的存在，是各种文化观念、伦理观念、社会观念的综合产物，它在很大程度上影响着武术的思想理论、技术战术、内功修炼等方面。

1. 武术与道教文化

道教文化对内家拳的影响极深。道教主张"我命在我，不在于天"，将"道"和"德"作为宗教信仰和行为实践的根本原则，以清静为宗，以虚无为体，以柔弱为用，提倡无为、抱一、守朴、寡欲、练精、练气、练神等，这些主张都有利于武术家的"我命在我，不在于天"技法思想的巩固和刻苦、自律、修身、养性等武德的形成。

2. 武术与佛教文化

佛教约于两汉之际传入中国内地，至南北朝逐渐中国化，隋唐时期达到发展的顶峰。佛教对武术文化的影响涉及很多方面，包括武术的运动形式、武术理论、技术战术、内功修炼以及思想精神等，如佛教的普度众生、慈悲为怀及五戒等，对习武者的武德、武风具有重要的指导意义。此外，佛教与武术结合孕育的少林武术更是中国武术的重要组成部分。

（三）武术与医学文化

传统中医文化和武术文化有着密切的关系，具体来说，即相互影响、相互渗透、相互融合。中医理论在很大程度上影响着武术理论，武术对传统医学理论进行了完整的吸收，并且逐渐形成了形神合一、内外兼修的养生思想和健身之道。

1.理论思想一致

第一，中医用阴阳的理论，对人体组织的属性、诊断病症的属性进行了归纳，同时还将人体看成一个有机统一的整体，以阴阳对人体的生理变化进行解释，并且持有"人生有形，不离阴阳""阳病治阴，阴病治阳"的观点，将维持人体的阴阳平衡作为治病的根本原则。武术动作和拳理技法对阴阳的对立统一也是较为重视的，强调内外合一，以内助外，以外促内，内外兼修、阴阳平衡。

第二，中医中最基础的理论就是五行学说，五行与人体五脏、五官、五味等相对应，讲究通过调整气血、补虚泻实达到"扶正祛邪"的功效。武术中的五行拳等拳种，对合理地运用五行相生的原理是较为擅长的，讲究水（肾）生木（肝）、木（肝）生火（心）、火（心）生土（脾）、土（脾）生金（肺）、金（肺）生水（肾）的运化过程，通过相生相克的规律进行技法的习练。

2.辩证方法统一

传统中医和武术在方法论基础方面是相同的，二者之间可以实现双向的渗透与融合。

第一，传统医学的建立是在唯物主义元气论的哲学基础上实现的，整体综合观与阴阳辩证观较为显著，认为"精""气""神"是人体三宝，且三者融为一体，互相依存、不可分割。

第二，传统医学从整体上把握对患者的医治，对整体施治是非常注重的。武术理论中的"六合"，即"内三合"与"外三合"，与传统中医的整体观是不谋而合的。从本质上来说，武术体系中的内三合、外三合与传统医学的指导思想是一致的。

第三，传统中医和传统武术都对机体与大自然的和谐统一较为讲究，对根据不同性别、年龄、体质、环境、气候等选择合适的医治方法或武术项目非常重视。除此之外，对体内培养真气以达到健内安外的理想强身健体效果也是较为注重的。

（四）武术与伦理道德文化

中国传统精神文化的各个领域，都染上了浓重的伦理道德色彩，从某种意义上看，伦理道德是我国传统文化的核心。我国传统伦理道德文化的内容主要包括四个方面：仁爱孝悌、重义轻利、真诚有信、谦和礼让。除此之外，智勇、自强、好学、勤俭、质朴等也是其主要内容。

中华民族的道德规范和传统美德，在加强个人修养方面发挥了重要作用，培养出了无数的贤良之士，塑造了为广大人民所共同追求的理想人格。对于历代传承的中华武术，传统伦理道德对其习练者也提出了严格的要求，并形成了独特的武德文化。

所谓武德，是指从事武术活动的人，在社会活动中应遵循的道德规范和应具有的道德品质。儒家思想则认为武德主要包含"仁、义、礼、信、勇"五方面。武德作为一种美德、一种社会意识形态，是指导人们的武术生活及其行为的准则、规范，并渗透在习武者的思想和言行中。

武德对于习武者是非常重要的，主要体现在武术的传授上。各门各派在挑选徒弟的时候都力主择人教，只教品行正派的人，不教品行邪恶的人。在具体传授武艺时，习武者也始终将高尚品德的培养放在第一位。为了培养高尚的品德，各拳种流派都定有自己的"门规""戒律"，将此作为武德的标准。凡是持技欺人甚至为非作歹之人，轻则加以责备，重则逐出师门，更重者则予以严惩。概括来看，我国传统武术的道德标准有以下几条：忠于国家和民族、自强不息、诚信谦让、仗义济民。

当然，在武术发展的历史中，由于受古代思想文化的影响，武德内容也有其局限性。这就要求武术文化的继承要对传统武德进行深入的分析，对其中合理的成分进行继承，对过时的旧武德进行批判，从而树立起新的武德观。

（五）武术与美学文化

中国古代美学文化的特质主要表现在四个方面，即中和之美、协调之美、和善之美以及和合之美。我国武术是力与美的高度结合，是一项具有健身和艺术之美的体育运动。具体来说，武术的美主要表现在技击、练气、形神、意境、节奏几个方面。

1.技击之美

武术虽然有着多种多样的拳种，动作也是千变万化的，但都是源于目的的实现，即引起愉快。换句话说，就是掌握了攻防格斗技术引起的精神愉悦。可以说，这是最初的审美萌芽。后来，随着攻防格斗技艺的不断发展，逐步形成了相当稳定的套路形式，使其既具有"技击"的特点，又与生命的自由活动形式相符合。人们观赏的对象，主要是积淀在技击中的人的智慧、才能、力量、灵巧、勇猛、坚强等。

2. 练气之美

传统武术的各派各家都十分重视练"气"，并把"气"作为武术的根本。武术各家各派，对气的理解、赋予的含义及如何练"气"有一定差异性，但是在练"气"时武功达于化境的基本条件方面是一致的。古代武术家认为，气是人生命的根源，练武术必须修炼人的生命根源——气。历代拳家通过内修练气，达到"元气充足"、精神健旺、动作敏捷、发力沉实的效果，从而将生命力的刚健充分显示出来。

3. 形神之美

传统武术对神形兼备、内外合一较为注重。其中，比较具有代表性的有长拳中的八法，即手、眼、身法、步、精神、气、力、功；南拳中的内练心、神、气、胆，外练手、眼、身、腰、马；形意拳的内外三合等。各拳种对神形兼备的提法有一定的差异性，但是在注重内外运动符合生命的自由和谐运动，使内部意气的流动和外部神气鼓荡在运动中趋于和谐方面，它们是一致的。不仅如此，拳家们认为神是形的内蕴、灵魂，离开了神，武术特有的韵味就不存在了。

4. 意境之美

传统美学范畴的"意境"，被解释为文艺作品中所描绘的图景和表现的思想感情融为一体而形成的一种艺术境界。从武术的角度来说，套路的形成与传统美学注重意境美关系密切。套路是按一定的价值取向和审美需要，将具有攻防意义的技击动作进行艺术加工而成的，它要和演练者、编创者的情感、精神融合一致，从而达到"情境"交融、"情""技"交融、神形交融。此外，武术的意境美不仅在实际的演变过程中有所体现，也体现在动作的命名上，比较具有代表性的有苍鹰捕食、大鹏展翅，将雄鹰气吞千里、力负千钧的雄伟气魄和坚韧不拔的英雄气概充分体现了出来，给人一种威猛雄健的感觉；白猿献果、猕猴攀枝则将闪展腾挪和巧妙轻灵充分体现了出来。这些名称闻其名如见其形，使练拳者与看拳者不仅品享其意境神韵，也仿佛感受到了拳技套路神秘浓郁的文学意蕴。

5. 节奏之美

传统武术中阴阳二气的运化，赋予了武术运动鲜明的节奏感。节奏是武术运动，也是生命运动的一个极为重要的特征，生命的规律同美的规律有着内在的、深刻的联系。动如涛，静如岳，起如猿，落如鹊，立如鸡，站如松，转如轮，折如弓，轻如云，重如铁，这些是对武术节奏美的形象生动的体现。动静、起落、快慢、轻重、高低、刚柔的对立转化将武术鲜明的节奏感展现了出来。

第二章 武术运动价值及其在高校中的传承

高校作为民族传统文化传播的主阵地，对传统武术在我国乃至世界发扬光大起着重要的作用，传统武术如何在高校中得到传承与发展是值得深入研究的课题。本章内容为武术运动价值及其在高校中的传承，主要介绍了武术运动的价值、高校教育中武术运动的开展现状、高校中武术运动的传承与发展。

第一节 武术运动的价值

武术价值是武术的重要组成部分，也是重要的内涵之一。当前，武术之所以能够有越来越好的发展态势和发展前景，与其显著的价值不无关系。在新时代，武术价值已经不仅仅局限于之前的传统价值了。

一、现代武术价值的发展与变迁

现代武术价值的发展与变迁主要表现在中华人民共和国成立后和改革开放后。其中，中华人民共和国成立后，我国的体育事业进入了一个新的发展阶段，作为体育的重要内容，武术的发展也进入了一个新的征程，不论武术的活动形式，还是价值功能和社会地位都发生了深刻的变化。特别是改革开放后，武术的价值更加丰富多彩，这主要能够从以下几个方面得到体现。

（一）国际化发展趋势下的武术价值

进入现代社会后，武术的发展越来越快，高度的组织化和国际化就成为其发展的一个显著特征。在这一时期，各类武术协会、群众性武术社团以及国际性武术组织相继建立，武术组织及竞赛体系逐步完善并健全，武术朝着现代化方向大步发展。在国际交流与合作日益加深的背景下，中国武术代表团积极出国访问交流，对国际性武术组织的建立，以及各种各样的国际武术比赛的举行起到了积极的促进作用，同时也将武术的艺术性、技击性、健身性等特点充分彰显了出来，并且得到了国际友人的广泛认同。

（二）科学化发展趋势下的武术价值

在现代条件下，武术科研机构的成立，武术学科的不断发展，都在很大程度上促进了武术方面的研究，各种武术专题研讨会越来越多，武术书刊相继出版发行，这些都对武术的现代化发展起到了积极的促进作用。此外，国际竞技体育形式推进了散手、推手比赛的发展，武术的实战技击价值得到了极大提升，在这样的情况下武术走上了科学化发展的道路，与此同时，武术价值的提升也逐步同时代接轨。

（三）社会化发展趋势下的武术价值

20 世纪 80 年代后，由于受到思想解放和文化传播的影响，全国掀起了一股"武术热"，尤其是 1982 年召开的首次全国武术工作会议提出大力开展各种形式的群众武术活动，允许民间开办武术馆校授拳传艺，使得之后几年时间内各种武术馆和新型武术学校应运而生，形成了一个广阔的社会活动空间。这就在很大程度上对武术的社会化进程起到了积极的促进作用。到了 20 世纪 80 年代初，武术影片《少林寺》的上映，也为武术社会化的发展起到了积极的推动作用，使得之后武侠影视片大量拍摄并放映，并与新派的武侠小说一起成为推进武术社会化的重要文艺手段。进入 21 世纪后，武术技击及其娱乐价值获得了不断向前发展的动力，各种影视作品相继出现，将武术技击与娱乐二元统一的时代特征充分体现了出来。

（四）产业化发展趋势下的武术价值

随着市场经济的不断发展，武术也逐步走上了产业化发展的道路。20 世纪 80 年代，国家体委曾先后将"开发武术资源"以及"以武养武"的发展策略提了出来。到 1989 年，国家体委正式决定把包括武术在内的 6 个单项协会实体化，允许进行经营开发、搞实体经济。因此这一时期，各种打着"武术搭台，经贸唱戏"的战略口号，集武术活动与旅游、经贸于一体的国际武术节或者文化武术节相继出现。它们以武术活动为形式，以经济活动和文化交流为内容，不仅对武术运动的蓬勃开展起到了积极的推动作用，同时也使地方和外界的经济技术交流与合作得到了进一步的加强。进入 21 世纪后，武术产业化发展程度越来越高，一个相对比较完善的产业化发展体系也逐渐建立起来，因此从不同程度上将武术的娱乐、健身、教育等价值彰显了出来。

二、新时代武术价值观的认知

（一）武术价值的本质

传统武术是中国传统文化的重要组成部分，在中华民族几千年的历史长河中能够流传下来，说明它必定有其过人之处。起初，人们打猎、征战，随着时间的推移，这些动作行为逐渐成体系，武术逐渐成形。武术是一个十分传统的中国体育项目，它具有丰富的传统文化内涵，同时还具有鲜明的价值。武术的价值内容主要可分为两大属性，这两大属性分别是体育价值属性和社会价值属性。武术是一项体育项目，因此具有体育价值属性。武术又是中国传统文化的重要组成部分，在它的传承发展之中，武术中蕴含的文化与精神特质也在对社会产生着一些积极的作用与影响，因此武术也具有社会价值属性。

要了解武术的价值，就需要了解人与武术的关系，因为正是有了人与武术之间的关系，武术的价值才得以产生。就本质而言，武术与人的关系就是指武术对于人产生的某些作用与影响，如武术可以使人愉快等。武术价值主要有三个要点，武术价值来源于武术，武术价值取决于人，武术价值产生于实践。

所谓来源于武术，这很好理解，武术价值的载体就是武术，武术是武术价值得以发展的客观条件。武术有很多属性，武术价值是武术属性的一种，它是能够满足人的需要的一种属性。

所谓取决于人，意思是说武术价值的发挥取决于人，如果没有人的参与，那么武术的价值就无法发挥出来。只有当人的需要与武术的属性产生一定关系后，武术的价值才可以产生。

所谓产生于实践，是武术价值的发挥必须在实践活动中才可以实现。单纯的客体无法产生价值，单纯的主体也无法产生价值，武术的价值必须通过武术及人的实践活动才可以展现出来。

（二）武术价值观的认知

1. 价值观

（1）价值观的定义

所谓价值观，就是指社会中的一种准则或标准，人们用这个标准去评判社会中的一些事物、行为以及各种目标，并从中选取符合自己心意的目标。在社会之中，每个人都有着自己的价值观，这种价值观支配与调节着人们的社会行为，是人们做事的一种内在动力，它主要可以通过现实生活之中人们对某些事物的态度以及自己的行为取向表现出来。社会上每一个人都是不同的，他们有着不同的家庭背景、心理状况、学历背景等，这些都会影响他们价值观的取向，从而使他们形成不同的价值观。因此，每个人的心中的价值观实际上能够反映出他们的社会存在。一般情况下，相同的自然环境以及社会环境下的人们的价值观念是大致相同的，不同的自然环境与社会环境下的人们的价值观念则有很大的差别。在社会中有一些共同、普遍存在的价值观，这些价值观是大部分人都认同的，是一种比较普遍的价值标准，从这种普遍的价值标准中可以发现，大部分社会上的人都有着一种普遍相同的行为定式。随着社会的发展、环境的变化，社会中的成员也在不断地更替，社会中的这种普遍的价值观处于不断变化之中，旧有的价值观念若不符合现在的大部分社会成员的价值观，它就会退出历史舞台，新的价值观念会进行补位。随着社会的不断变革，价值观的变化是必然的。

（2）价值观的性质和作用

每一个人脑海中都有一种特定的价值观，这种价值观支配着他们的行为，影响着他们对于事物的评判。人们在处理某些价值问题时，所持有的特殊观念就是价值观。在现实生活中，价值问题普遍存在，出现在社会生活中的各个领域，如何正确地理解与对待这些问题，内心深处到底要坚持什么、追求什么，这些都是价值观的独特的思想内容。在社会生活中，不同的人所处的地位、所享受的物质条件等都是不同的，在这种条件的影响下，他们的价值观也就有了正确与错误、先进与落后的区别。价值观能够影响人们的行为方式，指导人们的一言一行。面对现实生活中的一些事情，人们总是随时进行价值判断，并不断明确自己的态度与方向，持不同价值观的人有不同的精神面貌，人们始终按照自己心中的价值观去生活、工作与学习。另外，社会与国家也有一种主导的价值观，这种价值观展现出一个社会与国家特有的文化，是一种独特的精神标志。因此，在思想文化建设中，价值观占有十分重要的地位，是思想文化建设的基础与核心。

2. 武术价值观的概念

价值观是指人们对社会中某些事物与现象的评判标准，是人们内心中的某种思想认识。武术价值观就是指人们对于武术的某种评判标准，对于武术的一种思想认识，即武术具有什么功能，它对于个人以及社会是否有积极的意义，有哪些意义等。武术价值观主要可分为两种，这两种价值观主要是针对个人与社会来说的，即个人价值与社会价值。对于个人来说，武术可以强身健体、强化内心。对于社会来说，武术可以培育人们的民族精神，使其发自内心形成一种民族自豪感，进行武术训练同时还可以保家卫国。

三、新时代武术价值系统的构建

（一）武术价值系统的含义

当我们讲到系统，指的是"整体"或"统一体"。因此，根据这一理解，可以将武术的价值系统定义为武术价值中相互关联、相互制约的各部分，以一定形式联结构成的具有一定新功能的有机整体。

从武术价值系统的定义中可以看出，它是一个整体，这个整体是由系统各元素组成的。武术价值系统内部元素及组成方式，在不同的时期有一定的差异性。因此，需要不断对武术价值系统进行研究，从而使其得到进一步的改进和完善。

（二）武术价值系统的特点

1. 武术价值系统的多样性

武术在长期的发展过程中，逐渐形成了自身独特又多样的价值。例如，武术缘起于狩猎及生产活动，后来被应用于军事训练之中，逐渐体现出技击防身的价值；"宴乐兴舞"体现了武术的娱乐价值；"路歧人"体现了武术的表演价值、娱乐观赏价值和商业经济价值等；武术拳种、派系众多又体现出武术的多元文化价值。一般来说，武术价值的多样性主要表现在三个方面，即来源于客体、取决于主体、产生于实践。在人类社会不断发展的过程中，物质文化和精神文化等得到了丰富和发展，这在很大程度上也使武术价值具有了丰富性、多样性。

2. 武术价值系统的关联性

武术价值系统的关联性是指武术整体价值内部诸要素的相关性。武术价值具有丰富性，技击价值、军事价值、娱乐价值、健身价值等都是武术重要的价值要素，这些要素之间存在着相互联系、相互作用的关系，如武术具有技击性才应用于军事训练之中，其军事价值利用的则是武术的技击功能，人们通过技击练习则能改善身体机能，因此，武术还具有健身的价值。由此可见，武术价值是由各种价值要素组成的一定关系的"集合"，虽然武术本身存在着多种多样的价值，但它们之间彼此联系，按照一定的方式和顺序，相互联系、相互依赖、相互制约、相互作用，从而形成一个结构完善的有机整体，这就是武术价值系统关联性的体现。

3. 武术价值系统的等级结构性

从等级结构上说，当一类价值满足了人的低级需要和生理需要后，另一类价值便随着人们的需要逐渐显现出来，称为高级需要。通常情况下，当人的低层次需要得到满足后，它的激励作用就会普遍降低，其优势地位便不复存在，高层次的需要将会代替低层次的需要。

在奴隶社会时期战争不断，为了适应实战的需要，武术开始向着实用化和规范化的方向发展，这时技击价值就充分凸显出来。武术的健身、技击价值的发展是因为人们生活的需要，期望人身安全不受侵害，私有财产受到保护等，这种价值是低层次的价值。随着社会不断发展，社会趋于稳定，人们最基本的需求也得到了满足，这时就产生了健身和娱乐的需要。通常情况下，人们各层次需要之间是相互依赖与重叠的，高层次需要的产生与发展，并不代表低层次的绝迹，只是低层次的需要的影响相对弱化了。总之，在人们的需要由低级向高级发展时，武术价值系统就呈现出了等级结构性的特点。

4. 武术价值系统的动态平衡性

纵观武术的整个发展史，武术的发展总是与人的需要的发展之间形成一种动态的平衡。这种平衡主要体现在以下两个方面。一方面，武术在满足了人的基本需要后，在一定阶段就会保持相对稳定的状态，人的需要也呈现出相对的平衡性。另一方面，人的需要是随着社会的不断发展处于不断变化之中的，伴随着人的需要的动态变化，武术价值也呈现出动态变化的特征。在现实生活中，随着人们认识事物能力的增强，以及实践能力的发展，其必然会产生各种各样的需要，需要产生后，又反过来推动人们进一步认识和利用事物。

（三）构建武术价值系统的作用

构成武术价值系统的要素是多方面的，每一个构成因素在现代社会发展中都有所体现，也就是说构建武术价值系统对现代社会的发展具有重要的意义，归纳起来，其意义主要体现在以下两个方面。

1. 塑造良好的民族精神

众所周知，武术具有重要的育人功能，通过这一功能，可以培养人们不息、不浮、不移、不屈的民族性格，使其身心都得到全方位的发展，从而为社会主义的和谐发展贡献力量。纵观整个历史发展的进程，一个民族要想复兴和富强必须发展生产力，但是绝不能"唯生产力"，具体来说就是发展生产力虽然是振兴民族的基础，具有非常重要的作用，但是这并不是唯一的。要想使民族得以发展，需要具备两个方面的条件：第一，发展生产力；第二，要具有强悍的民族性格，没有强悍性格的民族不仅不能创造出人类文明，甚至连自己的民族都保不住，归根结底，世界文明的竞争是民族性格的竞争。

武术具有多方面的价值，通过武术的学练，人们能够塑造出良好的精神和意志，这具体表现在以下几个方面。第一，不仅能防病健身、塑造强健体魄，还有助于坚韧不拔、锐意进取精神信念的形成。第二，能够培养出忠、义、正、信、刚、毅、勇、诚的价值观念和仁、宽、礼、让的行为品格。第三，有助于不息、不浮、不移、不屈等中华民族精神的弘扬与发展，有助于和生、和处、和立、和达、和爱等全新理念的形成。在这种氛围中培养出的民族优秀人才，能为社会的和谐发展做出重要的贡献。

2. 促进和谐社会的构建与发展

武德是武术非常重要的一个方面，武术培养习武之人的"仁、智、礼、义、信"等思想，同时也能培养人的爱国之德、处世之德和侠义之德。武德的培养对人们遵守社会公德起着重要的促进作用。从传统武德的学习过程中可以看出，其对人与人、人与自然、人与社会的和谐发展是较为有利的。武德绝不应限于武术界，应该将其在各个行业中进行推广，这对于整个社会的和谐发展具有重要的推动作用。

民族精神是一个民族的生命力、创造力和凝聚力的集中体现，是一个民族赖以生存和发展的核心与灵魂。可以说，民族精神对于一个民族、社会的发展起着至关重要的作用。武术历史悠久，在长期的发展过程中，武术成为中华民族精神的重要表现形式。具体而言，武术价值系统对和谐社会建构的意义主要体现在以下几方面。

（1）有利于促进传统文化的发展

我们应对中国传统文化加以全面认识，吸收精华部分，对落后消极部分加以摒弃，使中国传统文化适应当代社会与现代文化的发展，保持传统文化的民族性。这就要求挖掘与整理、保护与传承各民族文化的工作要不断加强，重视保护非物质文化遗产。

武术是中华民族传统文化的一个重要组成部分，历史悠久，是我国的一个重要标志，也是人类宝贵的精神财富与文化遗产。我国各个民族的生产活动、宗教信仰等是武术的主要来源。武术的文化内涵是非常深刻的，人民大众的智慧也可以从武术中反映出来。所以，对我国武术加以保护与传承，不仅能够促使我国传统文化的内容更加丰富，还有利于我国传统文化不断向前发展。

（2）有利于积极健康的社会氛围的形成

运动水平、年龄以及规则等因素对武术的影响较小，因此参与武术运动的人能以自身需要为依据，对武术项目进行有目的的选择，对这些项目的规则也要灵活运用。武术运动对人的积极心态的培养比较注重，鼓励人们积极参与武术运动，勇于探索与创新。

武术运动对输赢与竞技看得很淡，对体育的审美与娱乐功能比较重视，不管是成功还是失败，都是一笔宝贵的经验与财富。武术文化鼓励人们通过参与体育热爱生活、享受生活，积极促进自身人格的完善，这是和谐原则（以和为贵）的体现。武术运动同样强调对集体主义与自身责任的重视，引导人们要先他人后自己、先社会后自己。因此，对武术文化的保护与传承能够促进积极健康的社会氛围的形成。

（3）有利于人们情感的调节

和谐社会的价值内涵中，包含多姿多样的生活内容和充实欢快的精神生活。和谐社会的构建过程中，人们不仅只是对名利加以追求，休闲娱乐的生活方式更多地被人们所关注，要保障高质量的生活方式，就必须懂得享受丰富的物质生活和充实的精神生活。武术运动在社区或公共区域的开展，有利于生活压力及疲劳的缓解与消除，更有利于促进人与人之间的相互了解与沟通，有利于人们积极参与社会活动，促进人际关系的改善与和谐，凸显人的社会性特征。武术的群众基础较为广泛，并且娱乐功能强大，受时间、地点与年龄的限制很小，开展起来简易方便。总之，武术有利于丰富人们的日常生活，有利于人们之间情感的调节，也有利于加快和谐社会的构建进程。

四、武术教育价值的实现策略

（一）注重学生的武德教育培养

在对学生进行武术教育时，首先要加强武德教育。对学生的生理和心理特点进行全面了解，可以通过引用一些短小生动的事例，提高学生的求知欲和兴趣，使他们的记忆力和思维力得到加强，具有爱国的赤子之心。只有这样，才能真正达到武术教学的目的。武德教学要贯穿始终，教育者要充分重视它。在武术教学过程中，加强武德教育能够使学生养成良好的习武风气和习武行为规范。

1. 培养良好的习武习惯

武术是中华文明的优秀代表，所以在武术教学中要让学生养成良好的习武习惯，教育学生以礼相待，崇义尚武，不要孤傲自满。进行武术器械练习时，也要规范要求，每排派一人领取器械，学生有序站好，不争不抢，这种细微的要求能培养学生爱护公物的良好习惯。

2. 注重武德，不出手伤人

武术动作具有明显的攻防技击性，因此很容易对人体造成伤害，严重的还能让人丧命。因此，武术教师在讲解动作的过程中要端正学生的态度与思想，重点阐释武术动作在强身健体方面的意义，让学生了解其中的攻防含义，切不可为了出风头与学生强行比试，下手不知轻重，把人打伤。尤其是在散手教学中，更要强调其安全性，只可进行模仿练习，不可故意伤人。

3. 尊重同学，友善待人

在武术教学中应致力于培养学生互相尊重、友好待人的品质。在合作分组练习时，学生间要充分交流，互帮互助，共同进步。结合学生的个人情况，分组教学，使掌握动作快的学生帮助理解能力差的，让所有人都学会动作，全面提升教学效果。受到同伴帮助的学生要珍惜他人的劳动成果，虚心学习，赶上大家的节奏。

（二）塑造学生对中国武术的正确认识

关于学生如何认识武术，建议首先从起源上去认知。武术在中华民族历史上留下了浓墨重彩的一笔，要让学生一提起武术就有一种自豪感，对武术文化充满崇敬之情。教师在学习过程中亲力亲为，亲身体验和接触博大精深的传统文化，让学生在学习时不仅像体操等项目那样对特定的动作进行模仿，更应该有一种历史责任感，心中满怀憧憬。

同时，从武术的运动特点上了解武术运动。武术是一种体育运动，练习武术能强身健体、提高身体素质，观看武术表演能增强审美能力、丰富文化生活等。对于武术教师来说，开展武术教学工作的重要一点就是让学生对武术产生兴趣，了解武术锻炼的优点，进而增强他们练武的信心。

（三）在套路教学中培养学生的精、气、神

武术具有内外合一、神形兼备的特点，武术教学也要遵循这个特征。要注意，片面追求"形似"忽视"神随"，这样的教学是不成功的。因此，在武术的套路教学中应注意以下事项。首先，武术套路的技术动作虽然不失攻防技击的特性，但已将技击寓于套路之中，因此在套路教学中要将各种技击的招式招法分解开来，分别讲解给学生，讲出每个动作的作用，帮助学生理解每一个动作，这有助于身法、步法的学习和领会。其次，套路教学要求形体规范与精神传意，做到内外合一，对于学生来说，在学习武术动作时思维要活跃，多问几个为什么，把整个套路通过大脑进行反复记忆，长期练习后争取做到融会贯通，通过心态和意念来指导自己的练习。

（四）培养学生的武术情感

武术要求内外统一，各种武术项目的技术实质和精、气、神、力是各不相同的，学生在练习时不能只做动作，不动脑子，要加入自己的情感体验，这样才能充分体现武术项目的风格特点。

1. 结合技击特点培养真实感

武术套路中虽然有着千变万化的动作，但都来自各种原始的进攻和防守的招式，如"青龙剑""十三剑""昆仑剑"等，动作都是围绕着中心内容"击"来展开的，因此只有了解攻防动作的真实含义，使学生对技击方法有深切体会，才能事半功倍。在武术教学中，教师应让学生明白运用手、足、肩、肘、胯、膝所构成的各类技术方法的特点（如拦、切、搂、打、腾、封，踢、弹、扫、挂，倚、碰、挤、靠，勾挂、闪转、腾挪），并把这些技击方法的特点与揣摩套路时对手、眼、身、步、精神、气、力、功的要求结合起来，让学生感觉真的在和对手比武一样，表现出勇敢顽强的形象、咄咄逼人的神情、完美无缺的动作方法，体现出形象性和真实性。

根据情感培养的需要，结合学生的武术水平，教师应对攻防技术动作进行全面科学的剖析，使学生能领会动作的力量和速度等的各种要求。模拟性实战能让学生更好地理解各项动作的，技击格斗的气势能极大地调动学生的情绪，有利于充分融入个人情感，因此可适当采用该方法。

2. 借助武术动作的艺术形象培养美感

武术的每一个动作都要求"手眼相随""内外合一"，从身法、力法、眼法、虚实变化的步法和多样灵巧的手法等方面可以看出，武术具有独特的美感。从武术的精神内涵来看，神是感情表达的手段，通过眼神来反映，神的凝结使武术动作的美感体现出民族特色。

学生一旦完全理解了动作，并体验到美，就会自然而然地产生内在感情。例如，很多不喜欢太极拳的人觉得太极拳太过柔缓，让人感觉有力使不出，毫无美感可言。实际上，通过一段时间的学习后就会发现太极拳的圆融、和谐的独特之美。有些人尤其是老年人非常热爱太极拳，并不是因为这项运动适合他们，更为重要的是太极拳与其心态相契合。太极拳缓、柔、圆、连、协的独特韵味与连贯一气的练习能使人无比愉悦。

第二节　高校教育中武术运动的开展现状

一、高校大学生的素质现状

（一）身体素质日益下降

随着时间的推移，社会的发展，人们的物质生活水平逐渐提高，生活越来越便利，这时候大学生的身体素质理应向更高的水平发展，可实际情况却不是这样。部分高校中，一些学生出现了体质下降现象，甚至呈逐年下滑的态势。

（二）武术素养日益下降

目前，多数高校虽然设有传统武术课程，但是一些人并没有真正地了解武术的内涵，甚至没有摆正对其的态度，导致其流于形式。很多学校为了追求升学率，忽视了对传统体育项目的重视，传统武术教学只是草草进行，并没有形成一个完整的体系，因此大学生武术素养整体不高。部分大学生并没有形成一个正确看待武术的观念，他们并没有深入了解传统武术的价值，觉得传统武术课程可有可无。另外，有相当一部分学生觉得自己对武术学习没有兴趣，这就导致他们很少主动去练习传统武术。从小时候起，一直面临的就是升学的压力，到了大学又面临着就业的压力，这使得学生将全部精力都放到了文化课学习上，很少涉及传统武术活动。

二、传统武术在高校中的教学现状

（一）师资现状

教师在高校武术教学中起着非常重要的作用，直接影响着传统武术教学质量的提高，不论武术课程体系设置得多么合理，如果没有与之相适应的高素质教师，也无法获得理想的教学效果。反过来说，高素质、高质量的教师如果充分发挥主观能动性，也能够创造出优质的课程体系。由此可见，教师素质的优劣直接影响着教学的成效和学生的发展，所以建立一支高素质的教师队伍是必要的，只有教师素质提高了，才能有高质量的教学，也才能培养出高质量的人才。

目前，从数量和质量上来看，我国高校武术的师资队伍与武术发展的需求存在着较大差距。在普通高校的教师中，武术教师所占比例较小；在武术教师中，专业武术教师更显缺乏。武术教师的不专业，导致学生练习武术处于无序的状态，难以达到应有的水平。传统武术的技术性比较强，它的普及与提高需要具备一定的条件和科学有效的指导。教师的学历与教学质量虽然不能画等号，但学历在很大程度上能够反映出教师的理论水平和发展潜力。一般来说，学历越高，对专业的认识就越深，适应教学改革的能力也就越强，对武术教学的贡献也就越大。社会在不断进步，教育事业也在发展，高学历化已成为世界各国加强师资队伍建设的共同趋势。目前，高校武术师资队伍中，硕士以上学历教师人数过少，本科学历的教师占了很大的比例，整体学历层次偏低，高学历人才缺乏，这与国家规定的学历要求存在一定差距。今后普通高校师资队伍建设的一个重点便是多渠道提高武术师资队伍的学历层次，增加拥有硕士和博士学位教师的数量。

我国高校武术教师师资水平较低，武术专业教师更是少之又少，这就导致了教师的业务水平和业务素质容易出现一些问题。这与武术教师的教学态度、教学水平和专业水平有着很大的关系。另外，高校武术教师有着年轻化的趋势，加之其培训时对武术运动的全面学习和了解不够，严重影响了他们对武术运动的认识和教学水平。在教学过程中，武术教学的难度比较大，要想做好武术教学必须技术动作熟练、示范准确、讲解清楚，同时还要对武术技术内容的内在攻防含义有深刻的了解，这样才能使学生真正懂得武术技术动作的目的和实用方法。教师水平的提高，关系到学生学习积极性的激发，关系到学生武术兴趣的培养。教师水平的提高应当从武术的技能和教法方面入手，全面掌握和理解武术的内涵和理论知识，并且积累丰富的实践经验。

（二）教学内容现状

1. 教学内容单一

中国的传统武术种类繁多，但是目前在高等院校传统武术的课程设置中，所涉及的拳种并不多。据对上海体育学院、武汉体育学院、沈阳体育学院、成都体育学院和西安体育学院 5 所院校开设的传统武术课程的调查，5 所体育院校传统武术教学内容所占的课时比例分别为 22.22%、24.61%、9.26%、8.41% 和

15.72%，平均数仅为 16.04%。[①] 由此可见，传统武术在体育院校的教学中所占的内容比例是非常低的，就更不用说其他的普通高等院校了。这对传统武术在高校的发展是极为不利的。

中华武术历史悠久，内容非常丰富。对于高校武术教学来说，由于教学时间有限，教学任务显得很重，为了完成教学任务，各高校教师不得不根据规定的时间，安排所有的高校武术运动传承与发展研究任务。大多数高校学生对武术不甚了解，繁重的学习任务增加了学生学习的难度，造成学生学习的兴趣不高，对学生掌握武术知识带来了困难，对武术的传播具有不利的影响。

2. 武术教材选用存在问题

中华武术包含着许多实践和理论知识，并同中华民族的整个思想文化相互作用、相互影响，因而在学习武术时一定要重视理论研究。丰富的实践经验对人们加深认识非常重要，但这还不够，必须将其上升到理论认识的高度，这样才能将社会上诸多伪科学辨别出来，提高自身的素质和修养。

从教材内容来看，初级太极拳、三路长拳、棍术、剑术等都是主要的教学内容，这些套路的各个动作之间缺少必要的联系性，单个动作较多，每个套路由四个段落组成，每个段落又由十几个动作组成，套路编写得太长不利于高校学生学习和掌握，对初学者来说是困难的。我国各类高校武术教材的版本各异，但都不同程度地存在着问题，具体表现在以下几个方面。

（1）教材内容繁杂，缺乏针对性

武术教育有普修课课程、辅修课课程、专修课课程，民族传统体育专业的武术课程设置相对复杂，具有较强的针对性，在层次上也具有由浅入深、循序渐进的特点。针对不同的课程，教材就必须有所不同，不同课程的教材必须以不同的学生对象为中心，根据各自的培养目标和任务有所侧重。目前来看，我国各大高校的武术教材的内容设计在这方面还存在着很大的不足。

（2）重视教学实践，忽略理论课教学

武术理论是武术教学内容的一个重要组成部分。武术理论的教授有利于学生

---

① 吴雪琴，武兴东，李万友. 高校武术运动传承与发展研究 [M]. 北京：北京工业大学出版社，2021.

对动作的理解以及对视图知识的学习，能够使武术文化得到更好的弘扬。大学生是高校教学面对的对象，具有较高的认知能力，因此理论教学要突出一定的特点，以符合学生的实际情况。对于目前普通高校传统武术理论教学来说，课时数太少，原因是大多数院校对武术理论课没有严格的考核要求，这也就导致了我国大学生武术理论知识的欠缺。从学生认知武术的途径中就可得到理论缺乏的结论。学生认识武术主要是通过影视、书刊等途径，通过理论讲授和自学武术教材来认知武术的学生所占比例非常小，但是现实中影视、书刊对武术过于夸张的描述，根本不能体现武术本身的真正内涵，在一定程度上影响了学生对武术的理解。相当一部分学生对影视中的技术和功法盲目崇拜便是这种情况的结果。学生的视图能力较差也是学生很少通过视图自学来认知武术的一个原因。由此可见，各院校应该高度重视加强武术理论内容的教学。

一直以来，在高校中开设的武术课程，其教学的主要形式都是教师教和学生学，主要教学内容是武术套路技术教学，很少涉及专门武术理论的教学。这就导致了人们对体育教学的认识不够全面，认为传统武术教学就是提升学生的身体素质，教会学生相关的武术技能，对武术理论的忽视也就顺理成章了。武术蕴含着丰富的中华传统文化，因此对武术的学习不仅是对武术技术的学习，通过武术教学，学生还可以学习、继承我国优秀的传统文化，实现德、智、体的全面发展。中华武术有着悠久的历史，是中华民族传统文化的重要组成部分，与中华民族哲学、文学、宗教等的整个思想文化相互融合，理论基础非常雄厚，因而理论教学应该成为武术学习的重要内容。

（三）教学设施现状

1.教学场馆现状

训练场馆是组织传统武术教学、开展传统武术竞赛活动的重要前提条件，是学校的重要硬件指标之一，是高校综合实力的体现。因此，武术场馆建设对高校传统武术教学来说是非常重要的。

通过调查福建省有武术场馆的 14 所高校可知，目前福建省内大多数高校都非常重视传统武术教学训练场馆的建设，并相应开设了传统武术课程，只有 2 所拥有武术场馆的院校没有开设传统武术课，原因是缺少师资或某些教学事故的发生带来了不良的影响，所以暂时不再开课。另外，通过对青岛市各大高校武术教学训练场地基本情况的调查得知，目前青岛市普通高校传统武术课的教学基本都是在室外场地进行，选择在室外上课的有335人，占调查总数的88.2%；选择在室内上课的只有37人，占调查总数的9.7%；选择无固定场所的有8人，占调查总数的2.1%。[①]传统武术套路教学中有很多跳跃、跌扑、滚翻等动作，在室外水泥地面上练习是非常容易受伤的。在武术散打教学中需要悬挂沙袋，如果没有散打教学场馆就无法做到，这会对学生从事传统武术学习产生一定的负面影响，不仅会降低传统武术教学的效果，还会严重影响教学计划的执行。由此可见，要想更好地开展传统武术教学与训练，就必须加大场馆建设的力度。

2. 教学训练器材现状

训练器材是传统武术教学能够顺利进行以及实现理想教学效果的重要保障。传统武术教学的训练器材可分为技术器材和功力器材两部分。技术器材有刀、枪、剑、棍等，功力器材有杠铃、哑铃、壶铃、皮条、沙袋、木桩、综合训练器等。目前，高校传统武术教学中技术器材使用率最高的为棍，其次为刀，再次为剑，最后为枪。这完全符合传统武术教学难易的规律，最常用的功力器材为杠铃和沙袋。器材的使用不仅为传统武术教学的顺利进行提供了物质保障，还有利于提高学生的功力。

教学器材的丰富程度，将对传统武术教学的顺利进行产生直接影响，因此，在高校传统武术教学中拥有一定比例的器材是十分必要的。随着近几年各大高校的普遍扩招，高校学生数量呈逐年增加的趋势，武术班的人数也在不断增多，但与之形成鲜明对比的是学生上课使用的器材没有随之增加，反而因长时间地使用逐渐磨损，严重影响了武术教学的质量。所以高校相关部门应该加强传统武术器材的建设，为学生开展学习与训练打下一个良好的物质基础。

（四）教学方法与组织形式现状

在传统武术教学中采取恰当的教学方法和组织形式是至关重要的，这关系到能否顺利开展传统武术课程，实现既定的教学任务和目标，进而达到健身与防身的目的。

---

① 吴雪琴，武兴东，李万友. 高校武术运动传承与发展研究 [M]. 北京：北京工业大学出版社，2021.

1. 教学方法现状

所谓教学方法，就是为完成教学任务而采用的手段与方式。它包括教师采用何种方法向学生传授知识和技能等内容，并通过多种途径来提高教学效果，使师生之间形成教学相长、和谐互动的关系。由于传统武术具有其自身的特殊性，教师在教授传统武术时不能照搬其他学科的教学方法与手段，而是要在教学过程中不断摸索和实验，找到更加有利于自身发展的教学方法和手段，不断地推动传统武术在学校教学中的发展。

在福建省的高校中，针对传统武术进行了调查，发现武术教学中经常使用的教学方法主要有传统教学法、合作教学法、自主教学法、探究教学法以及游戏教学法。从整体来看，大多数教师都选择使用传统教学法进行课堂教学。

其中，大约有74.19%的教师使用传统教学法教学，这种教学方法的优点就是有利于集体教学，可以让学生对教学内容有一个整体的理解，但是它也有弊端。在传统教学法中学生处于被动地位，他们只是单向地接受教师传递的知识，与教师之间并没有什么互动，不利于学生主观能动性的发挥。

使用合作教学法的教师约占到6%，这种教学法有利于学生之间进行交流和互动，但是对传统武术教师的教学能力的要求较高。

使用自主教学法的教师约占4%，该教学法有利于培养学生独立思考的能力，但是教学不容易组织，要求教师在教学过程中一定要加强安全意识教育。

使用探究教学法的武术教师占比为3%，相比起普通的教学方法，这种教学方法对于武术教师的要求更高，这种教学方法可以锻炼学生发现问题、解决问题的能力。

使用游戏教学法的武术教师占比为9.68%，教师将武术教学与游戏结合起来，通过组织学生参与游戏来进行教学，当游戏完成的时候，学生们也能够掌握一定的武术知识与技能，这种游戏式的教学方法能够培养学生们的团结合作能力、实践能力以及独立思考和判断的能力，是传统武术教学中常使用的一种教学方法。但是，在传统武术教学过程中，教师一定要加强安全意识教育，说明游戏的真正目的，防止学生产生攻击性行为。[①]

---

① 吴雪琴，武兴东，李万友. 高校武术运动传承与发展研究 [M]. 北京：北京工业大学出版社，2021.

传统武术的教学方法有很多，除了在课堂上采用文字叙述以及做游戏等方法教学外，还可以采用多媒体技术来教学，这样学生们可以调动多个感官来对传统武术进行学习，产生良好的感官效应，从而在脑海中形成更加清晰的记忆，进而更好地完成既定的教学任务。因此，在传统武术教学中如何将多媒体、教师和学生三大要素有机地结合起来，更好地实现传统武术的教学效果，是今后努力发展的方向。

2. 组织形式现状

这里的组织形式主要是指教师在课堂中对学生人数的控制。据《数据包络分析法在高校人员比例评价中的应用》对全国 31 个省市高校中各类教职工及学生的人数状况的统计分析得出，高校在校学生数∶专任教师数以（14.96—16.28）∶1 的比例较为合适。从对目前福建省高校从事传统武术教学的 100 名教师进行的调查可以得知，目前福建省高校传统武术教学中，多数班级上课人数在 25—34 人，这远远超出了国家规定的比例，师生比例严重失调。① 为了确保传统武术教学的质量，各高校应积极采取有效的措施，加大传统武术教师的培养力度，合理安排传统武术课程的班级人数，把师生比例缩小到最小范围，提高教学效率。

（五）武术考核现状

武术考核是武术教学中非常重要的一环，建立合理的考核制度，对学生学习成绩进行客观公正、全面合理的评定，可以提高学生学习武术的兴趣，促进武术在高校中的发展。当前我国高校武术教学中的考核存在的问题如下。

1. 考核内容过于片面

学生对武术理论知识的掌握以及学习态度等方面的评价在一部分学校遭到忽视。学生体育成绩的评定，以学生演练水平为依据的方法，使身体素质较差、平时积极锻炼的学生的积极性受到打击，使那些具有一定基础、平时上课不努力的学生的惰性得以助长，学生的学习效果不能得到全面的检查和评定。

2. 在考核形式上，缺乏对武术理论的考核

这与武术教学"重技术、轻理论"，内容单一有关。在考试形式上，传统的由任课教师对所任教班级进行自考自评的方法仍在沿用，这也是大部分学校武术

① 吴雪琴，武兴东，李万友 . 高校武术运动传承与发展研究 [M]. 北京∶北京工业大学出版社，2021.

成绩考核与评定的主要方法，从而导致了考核与评定的标准和尺度不统一、人情评分等诸多弊端的存在。由此可见，目前普通高校武术公共课的考核方法因教材内容和教学方式，存在着明显的局限性，很难激发学生学习的兴趣和热情，不利于学生积极、自主地学习和掌握武术理论知识、技术、技能。

三、传统武术在高校中的训练现状

竞技体育最近几年得到了快速的发展，每年都有大大小小的赛事活动。相对应地，传统武术则远没有竞技武术发达，这其中固然有很多原因，但主要还是传统武术训练体系不完善导致的。目前，在武术教学中，高校较重视竞技武术的教学，对传统武术项目开发有所忽略。传统武术在体育院校武术比赛中的比重非常低，因此可以看出，传统武术在我国体育院校中是一个十分薄弱的项目，并且，近些年来，传统武术比赛项目也存在着过度集中的倾向，只注重一种或几种套路的练习，忽略了传统武术拥有丰富的拳种。

四、传统武术在高校中的科研现状

体育科研工作是体育学科建设的基础，是完成高质量教学的有力保障，同时又是提高教师素质的有效途径之一。武术教育活动的进行，对任课教师的专业技能和科研能力提出了很高的要求，高校武术教师要以科研带动教学，更好地投身于教学改革，形成科研和教学之间的良性互动，从而更好地促进传统武术教学的进行。当前，我国大部分高校武术教师都具有较大的学术潜力，但其周围缺乏浓厚的学术氛围。高校的部分武术教师对科研不够重视，这将会对武术运动的可持续发展产生不利的影响。我国的武术教师有着年轻化的趋势，他们参加工作的年限短，理论知识、经验、科研意识有所欠缺。对于我国的武术发展来说，年轻教师是未来武术教学、科研的主力军，加强对其科研能力的培养以及强化其科研意识是未来武术发展必须面对的一大问题。我国武术的发展已经呈现出竞技化、大众化、市场化和国际化的趋势，而武术科研却跟不上武术发展的脚步。武术科研有许多的研究方法，这些研究方法各有优势并具有良好的效果。由武术的实际发展情况可看出，中华武术的体系庞杂完备，群众基础好。因此，我国对民间武术的研究会占用过多的资源和精力，从而阻碍了我国武术科研的进展。

目前，我国的高校武术教学师资匮乏，专职武术教师数量更少，武术公共课任课教师的水平也具有较大差异，相当一部分教师的武术技能和理论基础并不全面和深厚，这在很大程度上影响了我国高校武术教学的质量，不利于武术在高校中的推广。武术要想吸引更多的学生进行学习，高校的武术教师就必须具备较好的示范能力和专业的教学组织能力。我国的高校体育教师由于缺乏必要的武术培训，专业知识水平较低，阻碍了武术教学的发展。从当前来看，从事武术教学工作的大部分体育教师都只是在大学期间普修过一些初级的武术套路，其武术技术水平可想而知，传授一些单纯的技术动作还可以，至于挖掘中华武术传统、发扬民族精神、传播民族传统文化、推动高校武术教学改革等则是力不能及了。

第三节　高校中武术运动的传承与发展

从中华人民共和国成立初期开始算起，高校中武术运动的传承与发展经历了大约几十年的时间。在这几十年的时间内，高校武术运动相关课程的传承与发展主要可分为两个阶段。第一个阶段是武术专项课程阶段，武术专项课程阶段是指从中华人民共和国成立初期至 1987 年国家教委确立传统体育类武术专业之前的这段时期。在武术专项课程阶段内，武术教学是以一种单一形式的科目与运动项目课程出现在体育院校内的，它并不成体系，相对比较独立，武术专项课程也由此得名。第二个阶段是武术专业课程阶段，在这个阶段武术专业已经成立，武术教学不再是一种单一的课程形式，而是以一种系统化的课程体系、课程群的形式出现的。要想使得传统武术在高校中实现进一步的发展，就必须厘清传统武术发展的本质，建立一个合理的高校传统武术教学体系，以促进其更好、更快地发展。

传统武术是中华传统文化的重要组成部分，在漫长的历史发展中，传统武术也在不断地发展演变，由之前的简单的招式逐渐升级成一系列比较系统、成熟的理论与方法，这些理论与方法包含了对传统哲学、传统医学、兵法等的认识，体现了人们对技击规律的不同探索和积极把握，但传统武术教学仅将武术视为一项运动项目，课程的内容也大多只是竞技体育项目。这种发展趋势忽略了传统武术的深厚的文化内涵，使得传统武术的技术逐渐趋同化，有许多优秀的拳种技术甚至出现了缺失以及断层的情况，这十分不利于传统武术的传承与发展。

对于现代武术来说，中国传统武术是它的根，是它保持活力与健康发展的源泉。另外，中国传统武术还是中国传统文化的重要组成部分。如果中国传统武术出现了一些技术缺失与断层，那么不仅会影响到武术的传承，还会影响到传统文化的传承，最终中国传统武术的传承与发展会受到很大的影响。对于中国传统武术来说，它之所以能够在历史的长河中传承至今不中断，是因为它能够满足人们的多重价值需求。传统武术具有很多不同的功能与价值，在今后很长一段时间内，技击是其最首要的目标。技击本身就是一种对抗方式，通过对抗性手段来实现双方力量的平衡与转化，从而达到克敌制胜的目的。古时候，针对传统武术中的技击动作，先民们不断地探索其规律，掌握其技法，最终取得了很多积极的成果，如对于不同的门派来说，其技击动作展现出不同的特点与风格，与其门派的风格相符。随着时代的变迁、社会的发展，人们的生活节奏逐渐加快，要他们花费大量的时间与精力去研究探索传统武术中的规律，几乎是不可能的。在社会中，人们没有太多空闲时间去探索传统武术的技巧，在高校的武术教育中如果也不对其进行继承、研究、探索，那么随着时间的不断流逝，虽然武术也在传承之中，但是不可避免地会丢失很多信息、经验与内涵。丢失这些深层次的信息、经验与内涵，高校武术教育必然要走很多的弯路，并且传统武术的传承与发展也将会逐渐趋同，失去其赖以生存的多样化基础，最终完全丧失掉其本质特点，不利于传统武术的发展。

一、武术运动在高校教育中传承与发展的优势

在高校教育中传承与发展武术运动，具有很多优势，下面进行简要分析。

第一，强健体魄。对于体质较弱的学生来说，练习传统武术有助于他们增强体质。同时，武术运动训练还可以锻炼人的肌肉、呼吸系统、心血管系统等，增强其稳定性。现如今，人们的生活、学习压力越来越大，给他们带来了一定的心理负担，武术运动训练可以帮助他们培养积极乐观、坚韧不拔的内心品质，始终保持一个良好的心态。总而言之，传统武术运动对于人的身心健康发展有帮助。

第二，武术运动对于提高学生的审美能力也有帮助。传统武术是中国传统文

化的一个重要组成部分，在传统武术的发展过程中，它不仅是一项运动，还融合了中国传统美学的相关元素，如"气、形、神"等。中国传统武术具有迷人的美学魅力，高校学生在学习传统武术的过程中能够感受其中美的元素，在潜移默化中受到美的熏陶，从而提高审美能力。

第三，在高校教育中传承与发展武术运动，还可以培养大学生的民族自豪感。在中国历史上，有很多具有侠义精神的人物，他们不仅精通武术，还具备高尚的爱国主义精神以及民族精神，他们是真正的英雄，值得大学生学习。其中，比较优秀的有岳飞、戚继光、郑成功、霍元甲等。目前，一些大学生对于民族文化了解得较少，对其中的一些深刻内涵也并不清楚，在这种情况下，高校传承与发展传统武术，能够强化学生学习民族文化的意识，使他们了解更加深厚的人文底蕴与文化价值。

第四，有利于改善教学内容单调的局面。我国的传统武术源远流长，经过几千年的发展，传统武术的形式与内容已非常丰富，种类越来越多，技法越来越鲜明，文化内涵也越来越丰富。针对传统武术进行发掘和整理，相信还会出现更多更优秀的技击项目。传统武术自成体系，它们通常有着自己的特色，根据其技法特点主要可以分为四大类：第一，少林拳；第二，象形拳、地躺拳；第三，太极拳、八卦拳、形意拳等；第四，翻子拳、劈挂拳、通背拳等。现在高校的武术教学的形式比较单一，无法激发学生的学习兴趣，将传统武术引入其中，可以很好地弥补这个缺点。传统武术的内容十分丰富多彩，有其各自的特点，学生在学习武术时，可以根据不同武术类型的特点选择自己感兴趣的来学习。

第五，便于督促学生树立"终身体育"理念。传统武术的特点比较鲜明，它的技术动作简单易学，十分实用，具有很多种不同的训练形式，既有套路练习，也有单个动作的练习，套路练习招式之间相互联系，注重表演效果，单个动作的练习更能够提高实战能力。演练内容丰富多样，可单独使用，也可以与其他拳种结合运用；既可以一个人静静地练习，修身养性，又可以与其他人一起进行对打实战等。传统武术作为一种独特的健身锻炼形式，是一种非常实用的运动方式。简单地说，传统武术练习同一些受到工具以及场地限制的体育运动不一样，它不受时间、场地、工具等条件的制约，无论何时何地都可以练习。在高校中开展传统武术教学是非常必要的，也是可行的。传统武术所具有的上述特征，对大学生个性的发展是有益的，有助于提高其学习的积极性，使他们真正地喜欢上武术，形成终身体育理念。

第六，可以满足大学生求知的欲望。中华民族有着五千年的文明发展史，传统武术作为中华民族灿烂文化的一部分，与其密不可分。传统武术在形成和发展过程中，始终受到中国传统文化形态的深刻影响，与我国古代哲学思想及哲学思维方式紧密相关，其内涵博大精深、源远流长，蕴含了中华民族的优秀品质。由于传统武术本身包含了中华民族的许多优良成分，因此在学校体育课程中，传统武术不可缺少，在高校中进行传统武术的教学十分有必要。大学生进行传统武术运动，不仅能够提高自己的行为修养水平，还可从中感受中华民族传统文化的博大精深，从而培养自己的民族自豪感。

二、武术运动在高校教育中存在的问题与解决办法

（一）武术运动在高校教育中存在的问题

1. 传统武术教育人才匮乏

中华人民共和国成立后，我国采取竞技体育优先发展的政策，因此在这种环境背景下，中国传统武术中竞技武术逐渐被人们所接受，并发扬光大。尽管这种竞技武术的模式培养了一批武术人才，但是这种竞技武术只是传统武术的一种，单一式的武术教育，不利于传统武术的发展，会使真正的传统武术人才越来越匮乏。在高校中，要想更好地传承与发展中国传统武术，就必须解决人才匮乏的问题。

2. 武术运动得不到应有的重视

随着社会的发展，中华传统文化日益普及，武术作为传统文化中的杰出代表，正逐步被人们所重视。在全民健身计划中，武术被列为重点内容之一，然而各级教育部门对此未给予相应关注。在竞技体育的冲击下，高校体育教学多数追求量化与竞争性，并没有真正了解传统武术的内涵，仅把武术当作一种同其他运动形式一样的体育运动形式，忽视其本身的特殊性，这不利于传统武术的传承与发展。

3. 传统武术内容繁杂、拳种众多

在中华几千年的历史长河中，传统武术也在不断地发展与演变，在这个过程中，传统武术逐渐体系化，形成了不同的门派，这些门派都有着各自的特点。传

统武术的内容繁杂，拳种众多，对于高校来说，面对如此多的内容，应该如何设置课程，成为一个难题。

（二）解决办法

中华传统武术在高校体育课堂的项目设置上，要因地制宜，根据各个高校所在地域选择合适的拳种与流派，以激发学生的学习兴趣，提高他们的学习积极性。选择适宜的流派与拳种之后，还要对其进行设计与改造，使其更加适合大学生的身心发展，然后有步骤、有组织地对大学生进行教学，循序渐进，不断完善教学内容。

对传统武术的发展来说，武术人才的培养也是一个十分重要的问题。当地政府与教育主管部门要重视传统武术活动组织者、管理者的桥梁作用，促进武术团体与当地高校的沟通与协作。政府应加大政策扶持力度，建立完善的人才培养体系，制定相关法律法规，保障传统武术项目在全国范围内健康有序地开展下去。对高校从事武术教学的教师进行培训，提升他们的业务水平，加深他们对于传统武术内涵的理解。此外，还要加大地方媒体对传统武术的宣传力度，通过各种途径扩大其影响力，使更多人了解并喜爱武术运动。总之，政府应加大对武术教学的政策扶持力度，使其更好地传承与发展。与此同时，各个武术门派也应克服封闭保守的观念，紧跟时代步伐，主动进入高校校园，向学生传授技艺，这样才能促进其更好地传承与发展。高校也要积极发挥科研优势，研究传统武术拳种，推动传统武术不断发展和完善。

三、传统武术在高校中传承与发展的途径

（一）大力抓好学校武术教育基础教学

1. 开设传统武术普修课

高校是传承传统武术的主阵地，要想抓好武术的基础教学，就要在高校内开设传统武术的普修课，这样才能在高校内更好地普及传统武术。高校虽然已设置了传统武术的选修课，但由于是选修课，学生与教师普遍不重视。要想真正地传承传统武术，抓好武术基础教学，就要在高校中开展传统武术的普修课，使传统武术得到更好普及。

2. 增加传统武术课外活动

高校武术的发展仅靠课堂内的教学活动是不够的，课外武术活动的开展也必不可少，它在一定程度上也会促进课堂教学，因此各高校一定要重视课余的武术活动的开展，并将其视为武术教学工作的重要环节。高校传统武术教师要积极参与课外体育活动，这就要求各高校采取多种措施提高教师参与课外武术活动的积极性。为促进课外武术活动的开展，高校武术教师可鼓励一些有利于课外武术活动进行的社团组织的发展，如武术协会的成立，使课外活动的开展更规范、更有组织性，形成对课堂教学活动的有力补充。鼓励武术组织的发展，还要注重培养社团组织中的骨干力量，武术专业教师要对社团中的学生进行帮助和指导，让他们获得更快的进步。通过社团组织的一系列活动，可提高学生对武术的认识，形成良好的习武氛围，这不仅有利于学生综合素质的提高，也有利于高校武术运动的开展，同时还响应了国家全民健身的号召，从而使中国传统武术这一优秀传统文化得到传承和发展。高校一定要重视课外的武术活动，将课堂教学与课外武术运动的开展结合起来。在课堂内部，学生掌握必需的基本知识和技能；在课外活动中，学生对课内教学内容进行消化。只有课内教学和课外活动共同发展，才能促进高校武术运动的发展。

3. 加强传统武术理论的建设

传统武术理论是民族传统体育实现现代化的重要参与，应从多学科角度对传统武术运动进行系统的研究，并多方位、多层面地对民族传统体育中所蕴含的文化内涵进行科学的理论探索，获取传统武术运动的本质特征、价值功能及其发展规律。

4. 充分发挥学生武术协会的作用

武术协会已经成为高校学生进行思想交流和文化传播的重要平台。武术协会可以让更多的学生了解传统武术的各种功能，在校园内营造良好的习武氛围。高校可以编排精彩的传统武术节目，也可以开展一些竞赛活动，以吸引更多的学生加入传统武术学习的队伍。

5. 合理制定教材，注重内容的创新

高校传统武术要想取得更好的发展，合理的教材和优秀的内容是必不可少的。在高校武术教学中，必须重视武术教材的更新和教学内容的改革。武术教学内容的改革并非易事，首先需要高校武术教师转变观念，树立"健康教育"和"终身教育"的思想。在教学内容改革中，对原有的学生喜爱的武术项目加以继承，同时开发新的学生感兴趣的内容。教学改革还包括课程结构和教学手段的改革，改变单一的套路教学和传统的教学方式，运用新理论知识，采用新的先进教学手段进行教学。教学内容的改革，可以使学生对武术学习的兴趣大大提高。多种教学方式的运用，可以使学生学习的自觉性和积极性得到调动，教学活动就能达到最佳效果。

我国高校传统武术教学中的教材存在着各种各样的问题，教材在高校武术教学中发挥着重要的作用。教材不仅是教师教学的工具，也是学生学习的向导，其质量影响着高校武术教学的质量，也制约着学生对武术知识和技能的掌握。因此，为了促进高校武术教学更好更快发展，编写与现代武术教学相适应的教材，保证教材的规范、系统和科学性具有深远的意义。在编写教材的过程中要严格要求，完善教材内容，同时要与国外的一些先进的理论观点相结合，保证教材的科学性。在编写过程中，还要注意教材的实用性、趣味性和可读性，激发学生学习武术的兴趣。在教材中既要有对武术理论知识的讲解，也要有对武术具体技术动作的介绍，让学生理解武术的内涵，掌握武术的基本技法。中国传统文化与武术之间存在着十分密切的关系，在高校武术教学中，中国传统文化内容的讲授必不可少，学习传统武术就必须了解中国传统文化。

由于武术受到了中国传统文化的影响，若只懂得武术的技术方法，对中国传统文化一知半解，就不能真正了解其中的精髓。大学生作为学校教学的对象，承担着继承和弘扬民族传统文化的责任和义务。中国传统文化中的儒道思想，影响着武术的发展。中国传统文化的教育思想在武术的拳法、拳理中得到体现。教师在课堂上教授学生基本动作的同时，还要注重与武术相关的传统文化思想的传授，这样不仅能加深学生对武术动作的理解，让学生真正理解武术运动的内涵，也能真正促进高校武术教学的发展。

高校武术教学的考核也是至关重要的，它关系着教学效果的检验。目前，高校武术教学中的考核制度存在着不合理的因素，必须进行相应的调整和改革。在改革中要根据课程的目的、任务与要求，积极探索，保证考核制度的合理性与科学性。考核中要以人为本，注重考核内容的选择，采用多样化的考核形式，并根据学生的具体实际，进行科学、合理、客观的评价。科学考核制度的建立会对高校武术的发展起到非常重要的作用。

6.加强对传统武术教学的重视

学校应该加强对传统武术社团、体育课的重视，适当划拨活动经费，兴建活动场馆和更多的开放性体育场馆，为社团活动提供必要的支持。部分学校本身占地规模较小，致使体育场的占地面积受到制约，无法满足前来锻炼的学生的需求。

7.加强高校传统武术师资队伍建设

师资队伍的建设关系我国高校武术教学的发展，要提高我国高校武术教学的质量，就必须加快师资队伍的建设。我国的高校武术师资主要来源于体育院校，这就要求各体育院校做好如下相关工作。第一，各体育院校需要随时关注客观现实，根据高校师资需求情况对武术教学的内容进行调整，培养出满足实际需要的师资；体育院校还要与普通院校相结合，加强联系，共同促进师资培训的进步。第二，各体育院校要建立自己的教学体系，这直接决定着师资队伍的水平。提高师资队伍的水平，要求各体育院校的教学内容和课程必须根据现实需要设置，在注重基本技能培养的同时，深入研究各类健身运动的功法机理和理论方法。国家政府部门也应为加快师资队伍建设发挥自己的作用，如为体育院校创造条件，加强高校武术教师的培训，鼓励高校武术教师进行武术方面的科研等，多方面、多形式加快高校武术教学师资队伍的建设，促进高校武术教学的发展。

师资队伍质量的好坏关系到高校武术教学改革的成败，目前我国高校武术教师素质的提高主要通过武术业务培训和武术科研两个方面。我国的高校武术教师不断年轻化，其教学经验和科研经验相对缺乏，这时候就需要一些经验丰富的教师发挥带头作用，对青年教师进行指导，传授经验，促进青年教师的迅速成长。师资队伍的建设还要重视对高校武术教师教学技巧的培养，教师的教学技巧在武术课堂教学中起着重要作用，影响学生的学习兴趣以及学习效果。语言表达对于教师非常重要，它是教师进行教学活动的主要媒介，武术教师在教学中要注意语言表达的技巧性，授课要清晰准确、凝练简洁，并且要注意逻辑性和生动性。武术教师在教学中经常采用生动形象的语言，这对提高学生学习兴趣和教学效果有着积极的作用，如讲解武术动作时运用非常形象的比喻，可以让学生听得饶有兴致，也能使动作要求更加形象。高校武术教师要具备敏锐的观察能力，积极观察学生的学习态度等情况，适时对学生进行表扬鼓励，提升学生的自信心。另外，在武术教学中要平等对待学生，做到一视同仁，同等看待，对接受能力好的学生要积极表扬，对待接受能力差的学生，要具有耐心，多进行鼓励，给予热情指导，提出改进意见，使学生深刻体会到教师的热忱、亲切、真诚。

8.探索适合传统武术发展的教学模式

现代教育技术的发展为高校武术教学提供了新的手段和方法，充分利用快速摄像、刻录、拍照、多媒体制作等高科技手段，可把学生学习的过程及新练习的动作，以影像的方式非常形象地展现在他们面前。现代化的教学手段形象生动，能够容纳较多的知识，并且更新非常及时，不仅可以减轻教师备课的压力，以便把时间多用在指导学生和从事武术教学科研方面，还可以让学生更轻松地掌握武术基本知识和技术方法，方便学生解决问题，同时还能增强教学过程的趣味性，让学生在教学中体会武术学习的快乐。因此，在教学中，要积极采用现代化的多媒体教学方法，发挥现代化教学手段在武术教学中的作用。

教学模式对传统武术教学效果的影响也是非常大的，武术教学中要注意利用合理的教学模式，创造良好的教学环境。要完成学习任务，最主要也是最有效的手段就是激发学生的学习兴趣和学习动机，让学生自主学习。对武术教学进行改革，武术教师应该将更多的时间用在组织教学上，改变以往课堂上生硬灌输教学内容的传统。教师在课堂中组织学习，要采用多种方法，并且要根据现实条件以及学生的实际情况来进行。武术教学中，现代教学方式的运用同传统的方式相比，效果更加明显，学生在课堂中不仅掌握了武术基本知识和技术动作，精神品质也得到了提升，增强了对武术的学习兴趣。在武术教学中，教师还要采取合适的教学方法，增强学生的自信心，并同学生建立平等的关系，营造融洽和谐的课堂氛围，这样就能充分发挥教师和学生的主观能动性，取得最佳的课堂效果。

（二）转变和革新旧有的传统武术思想观念

在古时候，武术被看作一种家族绝学，不传于外人，所采用的传承方式是家传、族传以及宗传。当时的武术传承方式是比较封闭的，基本没有开放性可言。随着时代的推移、社会的发展，这种传承方式已经跟不上时代的发展，要想真正地使它传承下去，传统武术必须构建一个全新的开放体系来适应时代的发展。

中国传统武术发展到现在，其分支之一——竞技武术越来越受到人们的关注，但是传统武术的其他方面被人们所忽视，甚至有一些人认为中国传统武术就是竞技武术，将其看作中国传统武术的全部，这种看法是错误的。中国传统武术是中华传统文化的重要组成部分，具有十分深刻的内涵，绝不只是竞技武术。现如今，在传统武术的训练体系中，包含的文化因素较少，且针对传统武术的文化因素，真正理解其内涵的人更是少之又少。在这种背景下，如今的中国传统武术的发展前景不容乐观。要使中国传统武术真正地传承下去，就必须符合时代的发展、社会的需求，使传统武术与现代竞技武术联系起来，相互促进，协调发展。高校在传承传统武术时，要转变和革新旧有的思想观念，摒弃那些不良的观念，取其精华、弃其糟粕，从而构建出一个新的、与现代社会发展相适应的发展体系，改变如今单一的发展倾向，树立起一个全新的武术教育传承观。

（三）处理好传统武术与竞技武术之间的关系

目前，流传得比较广的是竞技武术，它属于传统武术的一个组成部分，传统武术与竞技武术是源与流的关系，传统武术是基础，是竞技武术发展的根源，竞技武术则是传统武术为了适应国际化演变出来的产物。现如今，要想传承与发展传统武术，就需要处理好传统武术与竞技武术之间的关系，使其相互促进、和谐发展。竞技武术要吸取传统武术的深刻思想内涵，传统武术要吸取竞技武术走向世界的经验，不断地完善自己。

（四）确立学校武术运动教育传承"主阵地"的地位

1912年，中华传统武术进入学校教育，较早的中国体操学校创立，第一次将武术列为学校教学内容之一。1915年，国民政府发表明令"各学校应添授中国旧有武技"，由此武术被列入学校体育课程，走上了合法化的道路。

中华人民共和国成立后，武术作为优秀的民族文化遗产受到高度重视。在20世纪50年代，武术被列入中小学体育教学大纲。1961年教育部组织修订的《中小学体育教学大纲》中规定，武术在小学体育课中每学期为6学时，中学为8学时，教学内容包括武术基本功、初级长拳、武术操、青年拳等。1992年国家教委颁布的《体育教学大纲》中也规定，武术在小学体育课中每学期为6学时，其教学内容为传统的五禽戏、基本动作、组合动作、武术基本功、武术操、少年拳；

中学为 8 学时，内容为健身拳、青年拳单练等，促使学校的武术教育机制走上了正常的发展轨道。

在中小学武术教育的基础上，大学武术教育的发展非常迅速。在各高等院校的体育教学大纲中，武术所占的比重、教学时数与中学差不多，但在武术师资力量、教学效果等方面都明显优于中小学。体育院校自 20 世纪 50 年代中期开始把武术列为正式课程，为了统一和完善教材内容，1961 年组织专家编写了体育院系本科讲义《武术》，规范了武术教材。发展到现在，武术课已经成为高等体育院校课程体系中的 9 门主干课程之一。自 1978 年起，体育院校恢复武术本科生与研究生的招生，并在 1985 年开始授予武术专业硕士学位，之后国家学位办先后批准上海体育学院、北京体育大学设立武术专业博士学位点，使武术教育步入现代科学文化领域，成为培养高层次专门人才的专门学科。武术与体育运动训练专业、运动人体科学专业、体育教育专业以及社会体育专业并列成为体育学科的四大专业门类。武术运动在继承传统的基础上进一步向科学化迈进。确立学校武术运动教育传承"主阵地"的地位的具体措施和手段包括以下几个方面。

1. 加强传统武术制度建设

国家教育部门要确定专门的人来负责学校武术运动的规划工作，指导学校如何将传统武术融入教育之中，如何更好地进行管理，协调资源。在学校制定体育教学大纲时，应当优先重点在其中加入武术教育，并且对其进行重点推广。与其他文化教学一样，对学生进行武术教育，也需要配套的武术教材，这样更加便于学生加深理解。另外，还要在全国范围内推广武术段位制标准，针对不同年龄段的青少年，采取不同的标准来进行训练，加强传统武术的制度建设，使学校能够明确现如今传统武术教育的地位。

2. 加强传统武术教育的宣传

虽然"酒香不怕巷子深"，但这是在当时情境下的认识，如今社会发展水平越来越高，人们的生活节奏越来越快，在这样的社会背景之下，即使"酒香也怕巷子深"，如果不积极宣传传统武术，那么人们就会很容易忽略它的存在。在高校中，要宣传推广传统武术运动，首先要做的就是改变学生对武术运动的一些错误认识，使他们正确地认识传统武术，既不过分贬低，也不过分崇拜。在学校内，宣传传统武术运动时，要大力宣传武术运动对人体的积极影响——不仅能够锻炼他们的身体，还能够锻炼他们的内心；既有健身作用，又有文化教育价值。学校在不断宣传推广的过程中，能够感染到更多的人，使他们都能够认识到对于学校教育来说，传统武术教育必不可少，是其重要的体育教育内容，从而推动他们也去宣传推广武术运动。

3. 加强校际的交流与合作

随着社会经济水平的不断提高以及人们物质生活水平的日益提升，武术运动在校园中得到了快速普及。如今，在各个学校的运动会中，武术运动已经成为一个必不可少的项目。要确立学校武术运动教育传承"主阵地"的地位，还需要加强校际的交流与合作，"催化"学校体育教育中武术运动的迅速发展。在学校内部，学校相关部门还要采取一些政策措施，改变人们对于武术运动的认识与观念，加强各级领导的重视，提升武术运动教育的地位，同时还可以通过举办一些全国性或地方性的大型赛事提高武术运动员的水平。此外，传统武术比赛的项目选择要有强制性与针对性，在高校间举行的武术竞赛项目应与全国体育运动会武术比赛的项目设置大体相同，特别是大学生运动会武术比赛的项目设置应与全国体育运动会武术比赛的项目设置完全一样。在学校之间开展的武术单项运动会，能推动学校武术运动快速、合理、有序地发展。

第三章　高校各类武术教学分析

大学开设武术课程，能够培养大学生积极向上的品质及竞争意识，同时有利于学生防身自卫、强身健体。本章内容为高校各类武术教学分析，阐述了高校武术套路教学、高校武术散打教学以及高校传统养生功法教学。

第一节　高校武术套路教学

一、高校武术套路的分类

武术套路是武术庞大系统的一个分支，是民族传统文化的宝贵遗产。在武术走向国际、迈入奥运的今天，我们应该更好地继承和发扬。套路运动按照一定的规章要求把许多动作编制成套来练习。

（一）基本功

"基本功"和"基本动作"是武术理论体系中两个十分重要的概念。长期以来，人们把二者的概念混为一谈，没有从实质上去辨析两个概念的内涵。正确地辨析和定义二者，对人们科学地进行武术基础教学和训练、解决武术理论和实践中的问题具有重要的意义。

1.武术基本功的分类

在学习武术时，首先要学习武术的基本功，打下坚固的地基，只有这样，之后的训练才能水到渠成，容易很多。武术的基本功有很多，如跳跃翻腾训练、柔韧性训练、步法练习等。武术的基本功主要是用来训练某一项专项素质的，各项专项素质的水平就是武术学习的地基。

（1）腿功

腿功就是对双腿的专项素质训练，一般情况下主要是踢腿。仅腿功这一项，就有 14 种不同的训练腿法。对于人来说，腿起到支撑整个人的作用，如果双腿无力，那么整个人便无法行动。在武术练习中也是如此，如果腿上的根基不稳，那么整个人的重心就会不稳，东倒西歪。要准确灵活地使用各种腿法，就需要锻炼腿部关节的柔韧性，这样才能更好地训练腿法。

（2）跌打功

跌打是跳跃、腾空、翻滚、扑跌等技巧动作的总称，在武术基本功训练中有 5 种腾空跳跃动作。练跌打功既可以提高身体灵巧的素质，又可以提高练习高难度动作的能力。

（3）桩功

站桩是以静站方式调养气息、增长劲力的方法。称其为桩，是因为习练者要像木桩一样静止不动，久练之后就可以脚底生根，像木桩一样扎实稳固。桩功可粗分为养生桩和技击桩两种。

（4）腰功

腰功是集中反映身法的关键。肩、肘、腕、胯、膝各部动作全靠腰来支配、协调。腰功还是技击动作的基础，指上打下、虚左实右、明进暗退、一闪即击等都离不开扎实的腰功。

2. 武术基本功训练的作用

（1）发展专项素质的有效方法

练习武术基本功，就是在为之后整体的武术学习打基础，正如学习乐器演奏需要练习乐器的各种动作技法一般，当把所有的动作技法都练熟了，才能更好地进行整首曲子的演奏。通过练习武术基本功，人的腰部、肩部、腿部等各个部位的力量与柔韧性、协调性能得到增强，人的耐力、平衡感、速度等方面会得到提高，人体的专项素质也能得到发展。

（2）为套路练习提供必要的条件

对于武术学习来说，武术基本功练习能够为之后的武术套路练习提供必要条件。例如，做抡臂动作时，需要用到肩部，如果肩部的柔韧性比较好，那么就可以快速地抡起来，显示出一种"转机轮，快风车"的风格；如果肩部的柔韧性不好，那么抡臂的动作就会显得不协调，动作比较慢且生硬，无法展现出武术动作应有的特点。腾空内摆莲腿时，需要腿的柔韧性非常好，还需要速度快、有力量；

如果腿的柔韧性不够好，踢腿时没有力度，摆的时候速度也比较慢，那么这个武术动作就会显得十分拖沓，不干净利索。因此，要做好武术动作，必须做好武术基本功的练习，训练好专项素质。

武术的组合动作练习有很多都是在一种相对矛盾的运动之中产生的，如在起伏之间、快慢之间、动静之间等，在这种相对矛盾的运动之中能够更加展现出武术运动的节奏的独特性，这些矛盾都是套路技术练习中所必备的要素。从专项素质来看，基本功专项技能的手、眼、身、步协调配合等方面都为武术技术提供了必要的前提条件。

（3）防止运动中的创伤

练习武术基本功，使得身体各个部位的柔韧性增强，身体各个关节也变得更加灵活，能防止运动中一些创伤的发生。

3.武术基本功训练的原则

（1）由浅入深，循序渐进

在武术基本功训练时，一开始要从简单的方面入手，先练习简单的武术动作，由浅入深，循序渐进，切不可心急，好高骛远，如若不然会打击自己的自信心，最终什么也做不了。在武术基本功训练时，还要依据自己的训练情况循序渐进地增加训练量，将动作做得更加标准。例如，在训练踢腿动作时，一开始踢腿的高度会比较低，出腿的速度也比较慢，力度也比较小，但是通过日复一日的训练，踢腿的高度会逐渐变高，速度会逐渐变快，力度也会逐渐增强。

（2）坚持锻炼，持之以恒

在训练武术基本功时，还需要遵循的一个原则就是要坚持锻炼，持之以恒。无论做任何事情，都需要坚持，如果一个人始终是三天打鱼两天晒网，那么他做任何事情都不会成功。武术的学习是一个由量变到质变的过程，只有经过了足够多的训练，才能够将武术练好，取得一个完美的效果。

（二）拳术

拳术分为长拳、洪拳、南拳、太极拳等。"太极拳"是拳术中理论比较完善的拳法，太极拳种类较多，有武当太极、陈氏太极、杨氏太极、吴氏太极、武氏太极、孙氏太极、混元太极等，它们都有自己的特点。"南拳"，过去主要分布在长江以南的江浙一带，湖南、湖北、广东、广西、浙江、福建的南拳因地域不同也有各自的特点。"象形拳"有猴拳、螳螂拳及现在编的地躺拳、醉拳等；还有单打类型的如翻子拳、大劈大挂的劈挂拳、风格独特的八卦掌。中国的拳术可以说是百花齐放，各有千秋。

传统武术中有很多不同的拳术种类，它们有着各自的特点，但是没有优劣之分，拳种不同，风格有别，拳种各有千秋。拳术是一门艺术，又是一门科学。练拳者只有做到内外兼修才能真正地了解其内涵，达到自己的目的。任何拳术都不能孤立存在，必然在一定范围内互相影响，没有一个拳种能够独立地长盛不衰，不可避免地会与其他拳种、体育项目进行交流。所以说，武术套路之间也存在着很多共性与差异之处，如太极拳与心意拳渊源颇深，许多理论基本一致，招式使用也很相似。八卦拳与形意拳要更加相近，习形意者兼习八卦，习八卦者兼习形意。形意拳的前身是心意拳，它以戴氏的心意拳为蓝本，不断汲取实战经验教训加以进化。总之，太极、八卦、形意是中国内家拳的总代表。

1. 内家拳简述

（1）太极拳

太极拳是武术拳种之一，清初始见传于河南温县陈家沟。太极拳分为武当太极拳，创始人张三丰；赵堡太极拳，因在赵堡镇流传而得名；等等。古时许多的宗师都是先得少林寺功夫真传，后来又结合自己的特长才创立了各种拳术流派分支，如张三丰祖师在少年时代习练少林拳法（得少林寺内功精髓），后来到武当山自立武当派，创编武当太极拳，流传至今。

（2）六合八法拳

关于这种拳法的来源有三种说法，一种说法是它源自太极拳，蕴含了八卦拳以及心意六合拳的长处；另一种说法是它源自心意六合拳，它其中蕴含了八卦拳以及太极拳的长处；还有一种说法是它源自宋朝初期的一个道士陈搏，他偶然看到鹤与蛇相互争斗，从而在脑海中悟出了这套拳法。在这三种说法中，前两种说法比较可信，第三种说法被认为具有"伪托"含义。

（3）禅门太极拳

这个拳术套路最开始并不叫这个名字，而是被称作"大悲陀罗尼拳"，它还有一个简称，即"大悲拳"，后来不断地发展传承，其名字逐渐演变为"禅门太极拳"。这个拳术套路传说由少林和尚所创作，是他们在其所念的《千手千眼观世音菩萨广大圆满无碍大悲心陀罗尼经》中融入拳式编制出来的。

（4）八卦掌

八卦掌为武术流派之一，原名"转掌"，后称"八卦掌"，亦称"八卦转掌""游身八卦掌""揉身八卦掌""八卦连环掌"等。影响较大的有程派、尹派、梁派等，但都不外乎以下几种形式。

①老八掌：老八掌为八卦掌系的八个基本组合动作的练习形式，据说传自八卦掌始祖董海川，故言"老"。以此八掌为基础变化衍生的基本掌法，称为"八母掌"。

②六十四掌：六十四掌是八卦掌系的六十四个基本组合动作或单个招式的练习形式，亦称六十四式、六十四手。

③新八掌：新八掌为八卦掌练习形式之一，由河北沧州人姜容樵创编。

④形意八卦掌：形意八卦掌是近年流传的一种八卦掌练习法，传自任定财。其师张占魁，本从师刘奇兰，精形意拳，后拜入董海川师门，得八卦掌精要。

⑤八卦掌对手：八卦掌对手是两人固定招法的对抗练习形式。亦名八卦对子、八卦对折、八卦散手。

（5）心意拳

心意拳全称心意六合拳，亦称六合拳。后代传习者以此拳强调心之发动曰意，意之所向为拳，故称之为"心意拳"。关于此拳的起源说法不一，一般认为此拳创自明末武将山西蒲州人姬际可。

（6）形意拳

形意拳"取其以心行意之义"，亦称为行意，此拳讲究"像其形，取其意"；要求"心意诚于中，肢体形于外，内意和外形高度统一"。形意拳脱胎于心意六合拳自成一系。

①五行拳：五行拳是形意拳的基本拳，包括劈拳、崩拳、钻拳、炮拳、横拳五拳。形意拳将此五拳配以金、木、水、火、土五行，故名。

②五行生克拳：五行生克拳为形意拳对练套路名称，亦名"五行"。此套路采用劈拳、崩拳、钻拳、炮拳、横拳（五行拳）技法，运用五行相生相克理论，自生互破进行演练。

③五行连环拳：五行连环拳为形意拳基本套路，亦简称连环拳，是以五行拳为基本动作编组成的。

④十二形：十二形是形意拳系传统套路之一，是取十二种动作特点（龙形、虎形、猴形、马形、龟形、鸡形、鹞形、燕形、蛇形、鹤形、鹰形、熊形），并结合动物的术招式编组成的。

⑤八字功：八字功是形意拳系拳术套路之一，因其传者将其拳路要诀概括为八字得名（斩、截、裹、胯、挑、顶、云、领）。

⑥百形拳：百形拳为新篇形意拳套路，传自姜容樵，是他根据形意拳谱和周侗的百形图创编成的。

⑦意拳：意拳是拳术的名称，是形意拳的古名之一，传清乾隆十五年成文的《心意六合拳序》云："（岳飞）精通枪法，以枪为拳，另立一法，以教将佐，名曰意拳。"近代王芗斋的意拳又称"大成拳"。

2.长拳简述

"长拳"是徒手攻防技术，属于运动形式的一种，具有遐举遥击、进退急速的特点，这里的长是一种相对概念。长拳也是相对于短打而言的。在现代长拳中，架势工整并且非常舒展，动作上灵活且敏捷，腿部的动作相对较多。

（1）查拳

属于长拳类的重要代表拳种，也叫作（插）叉步、插拳，如今统称为查拳。查拳拳系的根本为十路查拳，此外还有炮、滑、洪弹等拳法。

（2）弹腿

弹腿是一种以屈伸性腿法为主，配合各种手法、步法形成的拳术。该拳发腿主要是借助于激力，强调的是弹射之势，因此得名。弹腿具体可以分为两种：一是"十路弹腿"，二是"十二路潭腿"。

（3）华拳

以十二路拳为代表的华拳是长拳类重要典型代表。有一种说法是，这套拳法是从华山的蔡氏传下来的，所以叫作"华拳"。还有一种说法是，这套拳法以"精""气""神"为三华，是根据"三华贯一"的学说命名的。也有人说这套拳法发源于西岳华山，因此得名。华拳还有其他拳械，共有四十八路，以此有"华拳四十八、艺成行天涯"的说法。

（4）红拳

红拳属于长拳的一种。相传由宋太祖赵匡胤所创，有人也认为其发源于陕西关中，在历史上有人将红拳写成了"洪拳"，以北派洪拳自称，实现与南派洪拳的区分。

（5）梅花拳

别称梅拳，长拳的一种，该种拳法的起源不详，相传是从少林寺拳技流传下来的。

（6）六合拳

起源于少林拳，属于长拳的一种，在万籁声的《武术汇宗》中称此拳属少林韦陀门。

（7）迷踪拳

有燕青拳、迷踪拳等别称，是长拳的一种。该拳的来历众说纷纭：有的说由宋代燕青所创，故名燕青拳；有的说燕青在风雪之中逃向梁山，一路上用树枝扫除自己的脚印，后人因此来命名其拳法为"迷踪"；有的说燕青的拳法是从"半夜仙"耍猴人学来的，因为该拳主要是根据猊宗猴擅长跳跃、灵敏的特点进行改编的，因此得名猊宗拳；有的说这套拳法是根据其他武学总结出来的，由各家的招法汇编而成，很难明确其来源根基，所以为迷踪拳。以上这些传说很多都没有历史依据，迷踪拳有三十六路拳械套路，因此有句话为"迷踪三十六，艺成天下行"。

（8）花拳

花拳主要为跌法，是一种讲求套路的拳法，非常强调实用性，此套拳法主要是由清代江宁武林人士甘凤池创作的。

（9）八卦拳

在武术中，有许多拳法被称为"八卦拳"。八套路流传在西南地区；阴阳八卦拳也被称为八卦捶，广泛流传于中州地区；小八卦拳在浙江地区广为流传；内外八卦拳以及洪家八卦拳在两广地区流传。此外，鲁、冀、豫地区的八卦拳体系较为完备。

（10）三皇炮捶

简称炮捶，是典型的短打类拳术之一，之所以名为炮捶，是因为其发劲就好像爆炮，出拳就好像捶落一般。之所以名为三皇，有两种说法：一是说当时该拳法主要由原始部落的三个酋长所创作；二是说起源于少林。

（11）八拳

全套一共八式，因此得名。相传它由清代中期的言某创立，言某是湖南辰州人。

（12）岳氏连拳

岳氏连拳是典型的短打类拳术，相传这套拳法是岳飞将《易筋经》中的身法行动和武技相结合而创作出来的，这很显然是一种附会。

（13）通背拳

别称通臂拳，是长击类拳术的一种。对于该拳法，有一些拳家将其运用到上肢动作中。两只手臂就好似通臂猿（长臂猿）一般，因此得名通臂拳。也有一些拳家对拳法进行运用的时候，强调以"通背"促成"通肩""通臂"，让两只手臂可以串通起来成为一体，因此得名通背拳。"祁家通背拳""白猿通背拳""劈挂通背拳"是目前流传下来的三大通背拳。

3.象形拳简述

象形拳属于武术中的一类，主要指的是模仿某种动物的特长、技能、形态，或是对某种特定人物的动作形态进行模仿，并与攻防技法、艺术手法相结合编成的拳术。

（1）猴拳

象形拳种类之一，早在明朝就有史料记载，相传有"猴拳三十六路"，主要是指将攻防技法与猴形猴态相结合而成的拳术。

（2）鹰爪拳

象形拳种类之一，又名鹰爪连拳、鹰爪行拳。由河北雄县的陈子正创立，拳术谚语中有"沾衣号脉、分筋错骨、点穴闭气"的说法。传说中鹰爪拳是一种十二路的行拳，是一种从翻子拳演变来的拳法。

（3）鸭形拳

象形拳种类之一，主要是指对鸭的形态进行模仿，再与攻防技法相结合而编成的拳法。

（4）蛇拳

象形拳种类之一，主要是指对蛇的形态进行模仿，再与攻防技法相结合而编成的拳法。

（5）醉拳

象形拳种类之一，主要是指对醉形、醉态进行模仿，再与攻防技法相结合而编成的拳法。

（6）地躺拳

象形拳种类之一，别称地功拳，古时称为"九滚十八跌"。

（7）岩鹰拳

象形拳种类之一，拳语曾说，其形态取决于鹰，着重象形取意，以意领形，这套拳法在湖南新宁一带流行。

（8）螳螂拳

象形拳种类之一，相传这套拳法是明末年间由山东即墨县人王朗（也可称王郎）开创的。王朗少年时酷爱武术，曾在嵩山上的少林寺学艺，后又为求师游访数省，为的就是学到武功。他看到了螳螂捕蝉的巧妙，就把它们编成了拳法。

（三）器械

1. 棍术

最近几年，在关于文化问题的讨论上，人们各执己见，各执一词，呈现出百家争鸣的局面，可以说是学术上的繁荣景象。关于文化的研究问题，是非常复杂的，到目前为止，学术界还没有达成一致的意见，所以每个人各执己见，提出自己的建议，为文化研究开辟出了一条新的道路。文化是一种存在于人类社会中的现象，文化研究的复兴，是历史发展到一定程度的必然。"茶文化""酒文化""饮食文化""陶瓷文化"等一系列的词汇，就是在这样的时代背景下产生的。

（1）棍文化的兴起

中国武术历史悠久，博大精深，经过几千年的发展和文化的洗礼，武术已经是具有独特文化特征的民族珍品与瑰宝。"武术文化"一词与"酒文化""茶文化"是在同一时代、同一文化背景下，跟随时代发展的潮流产生的，是一种符合时代发展潮流的说法。作为传统文化的分支，武术文化中包含着非常多的产业内容，如影视制作、文化出版等，不仅如此，武术文化还与诗词、歌舞、宗教、祭祀、表演等有着密切的联系。就武术文化的作用来说，一是具有教化的作用，二是发挥着娱乐作用，三是可以对人们的需要进行满足，四是可以在国际上提高我国的文化竞争力，五是可以对传统文化的内涵进行丰富和充盈。

立足于武术文化研究，棍文化得以诞生。棍是人们日常生活中比较常见的一种工具，它的历史能够深刻地反映出武术的历史，对它的研究有助于对传统文化有更深入的理解。

（2）棍术的起源

①"棍"在远古时代兴起。在中华武术中有"十八般武艺"的说法，是对各种武艺器械之多之丰富的赞美。棍是最早也是最重要的武术器械之一。棍号称"百兵之首"。人的一切都是由劳动创造的，棍及棍术也是如此。在远古时代，人们就是通过与大自然以及自然界中生物的不断斗争来维持自己的生存的。远古时代的猿人，有着远超其他动物的智慧，他们在与自然的抗争中，逐步适应了自然，并运用自然中的工具，如石器、木棍等，与动物搏斗。在云南沧源崖画中，就有一些人拿着木棒和猛兽搏杀的场景，画中二人徒手与猛兽相斗，另一人两手执木棍，从旁侧支援。在人们闲暇之余或祭祀之时，会有手持木棒、舞动猎兽的场面，虽然这不能算是棍术，但从这种舞棍与兽厮杀的场景中已经可以窥见棍术的因素。

②近代棍术的演变。随着时代的发展、科技的进步，人类不断进步，原始的石制和木制工具，也在不断地被改良。人类借助这些木棒与原始部落以及禽兽进行战斗，《吕氏春秋·荡兵》曾记载："未有蚩尤之时，民固剥林木以战矣。"① 由此可知，那个时代的棍已经成为主要的武器。也正因为战争因素，人们才能在平时的生活中，持续地积累起使用棍子的战斗技巧，并且持续探究在实战中可以应用的战术动作以及攻防姿势，并逐步形成使用棍子的搏斗技术。在春秋战国时代，战阵被应用到军事上，与之前的作战相比，战阵的使用方法有很大的不同，棍也从最初的战斗功能，拓展成了具有娱乐、健身、表演的功能。棍的社会功能也随之发生了变化，练习棍的主要目的也从最开始的用于战争搏斗转为参与社会中的

---

① 吕不韦.吕氏春秋[M].哈尔滨：北方文艺出版社，2018.

比赛。汉代贾谊在《过秦论》中说"斩木为兵，揭竿为旗"，主要说的就是秦王收缴所有的武器，在民间禁武，所以在战斗中棍子似乎更方便一些。

元代，棍才真正作为正式的武器存在，当时蒙古人把华夏分成了四等，汉族则是垫底的存在，当时社会中汉族居多，蒙古人稀少，因此蒙古人为了方便统治，颁布了《元典章》"一概禁绝"的法令。统治者下令禁止使用兵器，并没收了所有的铁器。于是，民间的练武者，就开始研究起了棍术。如此一来，棍法也就渐渐完善起来。直到元代统治者被推翻，棍才成为正式的武器。也正因为如此，在元代之后才有了"枪棒社""拳棒社"之类的民间武术社团。到了明代，我国的棍法已经发展到了炉火纯青的地步，其中最具有代表性的是程宗猷所著的《少林禅宗棍法》。

2. 剑术

（1）剑术的起源与发展

剑为我国古兵器，曾被誉为"百兵之君"。在古代，剑术被称为"剑道"。《汉书·艺文志》，曾经收录了三十八篇"剑道"，是对剑术理论的概括，但现在已经遗失了。中国的剑法有很长的历史，在夏、商、西周的史书中，都有明确的铸剑的记载。我国发现的最早的青铜剑，是一把形如匕首的商代短剑。由此可见，金属剑在我国已经有了至少三千年的历史。

西周以前的战争主要以车为主，长兵器等在战争中具有非常重要的地位和作用，如戟、矛、戈等，在西周之前剑主要是统治者的权贵身份的象征和一种护身武器。春秋战国时代，由于战事频繁，骑兵和步兵开始兴起，此时剑在武器中的作用日益突出。这一时期的剑，不管是数量上还是质量和品种上都有了很大的提高，涌现出一大批优秀的剑工匠，"宝剑""利剑""良剑"也不在少数，就像吴国干将莫邪曾制成雌雄双剑，具有磁性，靠之合、分之离；越国的欧冶子，以精湛的技艺和坚韧意志，铸造了五把合金宝剑，做工精巧，形状各异，在世界上都是罕见的宝物。到目前为止，出土的吴、越等国的青铜剑，多达二十件，有些虽然已埋于地下超过两千余年，但其纹饰精致，剑锋锐利，无锈迹，可见当时的铸造技术之精湛。

同时，在春秋战国时代，剑术也获得了一定的发展，出现了"佩剑""击剑"等风潮。当时的剑术，更多的是格斗相击。根据《汉书》和《管子》的记载，由于吴王喜欢剑，吴国的很多人都会在他们的脸上留下刀疤，甚至人们连死都不放在心上，这说明剑术在当时是非常接近实战的。除了击斗的形式之外，还有一种常见的剑术套路舞练形式。

随着剑术的不断完善，武术的理论也随之不断完善。在秦、汉两代，剑术得到了更进一步的发展。从武器的角度上来看，这是一种长剑与短剑之间的搏斗，并且在当时已经形成了非常严格的佩剑制度。在那个时候，也出现了一群以剑闻名的强者，如张仲、司马相如、东方朔等人物，都是从小就学习剑术，并且剑术高明。此外，西汉晚期"百戏"中也出现了以剑术和舞蹈结合为主要内容的表演者。

晋代以来，虽然佛道两教兴盛，但是剑道之风并未消散，如闻鸡起舞的祖逖，以及"少年学击剑，妙伎过曲城"的阮籍，都是这一时期的剑术名手。同时，也出现了一种剑术和宗教结合的现象。后来，道家试图通过练剑和炼丹达到一种长生不老的神仙境界，在道家的思想中，剑为法器，为剑增添了一份神秘感。陶弘景是南朝著名的道士，他被齐高帝封为左卫殿中将军，后来归隐深山，人称"华阳真人"，他所写的《古今刀剑录》，不仅详述了刀剑的发展历程，还开创了一种宗教与剑术结合的先河。

到了唐朝和宋朝，剑术才重新焕发生机。朝中之人、文武百官、儒道两家，无一不精于剑道。李白是一位著名的诗人，他曾自述"十五好剑术……三十成文章"；王维称自己为"读书复骑射，带剑游淮阴"；杜甫也曾一生以剑为伴，"酒阑插剑肝胆露""拔剑或与蛟龙争"。他们既是一代文豪名士，也是一代剑术高手，"起舞拂长剑，四座皆扬眉"。吴道子、张旭等书画家，更是被剑术所触动，深受启发，在书法上的造诣，更上一层楼。由此可见，剑术不仅在技巧上有其独特之处，更在精神和艺术性上有其独特的魅力。应当注意到，唐、宋两代剑术在与宗教相融合的同时，也加强了武学中的"迷信"色彩，以斩妖除魔、飞剑取人首级为主要内容的武侠小说，在散播迷信思想的同时，也在迷惑大众。

武术在元朝之后，经历了一段曲折的发展之路，剑术也是如此。元代的统治者禁止民众练武、收集武器，并且明确规定传授兵艺者杖责，这就导致了剑术的传播被压制。在明朝，武术重新得到了发展，产生了许多流派。虽然在战场上火器得到了广泛的使用，但是武术的军事作用没有丧失。例如，戚继光、俞大猷、何良臣、茅元仪等，他们所著的各类兵书，对各类兵刃，包括剑以及各类拳术，都有详细的论述。同时，武术所具有的体育作用也越来越明显，剑术在民间之中广为流传，成为典型的武术健身手段。明朝末年，武术家吴殳在五十多岁的时候，曾拜渔阳老人为师学习剑法，并撰写了一本名为《剑诀》的书籍，流传天下。

清代也曾三令五申严禁民间练习武术，因此，当时武术在民间的传播更为隐秘。与此同时，众多武术门派在社会上不断涌现，形成了不同的剑术，此时的剑术各有特色，百花齐放。明清时期武术得到了发展，出现了很多的武术门派，但就剑术来说，剑术的地位已经没有古代那么明显。

（2）现代剑术

现代的剑术主要形式为套路，它具有轻灵迅捷、节奏流畅、变化多端、刚柔并济、舒展自如等特征。在武林语言中的说法为"刀如猛虎，剑如飞凤""剑走美势"等，剑术正日益受到人们的青睐，吸引着越来越多的人。

现代剑术有着非常丰富的内容，常见的主要有飞虹剑、纯阳剑、龙凤剑、昆仑剑、通背剑、达摩剑、螳螂剑、连环剑、三合剑、龙行剑、龙凤剑、七星剑、太极剑、十三剑、醉剑、青萍剑、三才剑、绨袍剑、连环剑、八卦剑、八仙剑等。有关部门为了适应武术教学的发展以及武术训练和竞赛的需要还制定了有关的竞赛规则和各种剑术套路，对剑术比赛的要求、动作规格进行了明确的规定，并且对剑术中的"舞台化""技击至上""体操化"等倾向进行了及时纠正，促进了剑术的不断革新和发展，在传承的基础上进行创新，使剑术朝着古为今用、百花齐放的方向不断前进。

3. 刀术

"刀术"就是用刀的方式、技术。关于"刀"的运用与使用技巧，明朝戚继光所著的《辛酉刀法》、茅元仪所著的《武备志》、何良臣所著的《阵纪》以及程宗猷所著的《单刀法选》都有相关的论述。"刀之利，利在砍"，也就是说刀主要是劈砍，除此之外，还有很多其他的刀法，如撩、截、刺、崩、斩、拦、带、抹、缠裹等。刀术具有勇猛迅捷、刚猛如虎的特点，要求练习者在前进、后退、跳跃、翻腾的时候，要刀随身换，保持身体和武器的协调一致，配合得天衣无缝。

武术家常说"刀如猛虎"，主要指的是刀法的勇猛、威猛、刚劲。大刀是一种长武器，俗话说"大刀看刃"，指的是用刀刃的时候，要做到劈、撩、抹、挂、斩、压、刺等功夫。不管是单刀还是双刀都是短兵器，单刀主要看的是手，因此非常注重劈、刺、砍、撩、拦、抹、截等刀式；双刀主要看的是走，注重的是双手用力均衡，刀式清晰，步伐灵活，上下协调，以展现出双蝶飞舞、叶里藏花的姿态，常见的有三尖两刃刀、长刀（双手刀）等。

二、高校武术套路的课程教学

（一）高校武术基本功的课程教学

基本功练习是武术的基本内容之一。对于基本功，学生掌握得好坏，直接影响到套路技术的规范与否。对武术基本功和基本动作进行系统的练习，可以使学生各个关节和韧带的灵活性、柔韧性得到提高，使学生对肌肉的控制能力得到提高，让肌肉具备必要的弹性，提高动作的质量和水平，预防并减少练习中的伤害事故。要充分认识到在武术基本功的教学中，教师起着重要的主导作用。

1. 教学要点

就武术基本功来说，学校体育教学中包含形式简单、易学难练的内容：压肩、侧压腿、正压腿、俯腰下压腿、侧踢腿、正踢腿、里合腿、外摆腿等。在对学生进行教学的时候，教师应该注意以下事项。

①内容不可以一次性全部讲解完毕，一节课最好只讲2—3种内容；之后在完成准备活动之后，可以用一些时间对上次的内容进行复习，并学习新的内容，保证每次课教授给学生一种新的内容，以此类推，直到教学完毕。

②每次上课前准备活动结束后，教师应该要求学生用较少的时间练习之前学习到的武术基本功内容，并对运动的幅度提出更高的要求。

③单看武术基本功的内容，都是单个反复需要练习的动作，这有利于教师进行自由选择和对教学活动进行组织。教师可以采用比赛的形式提高学生的积极性和主动性，激发学生的学习热情，如压腿次数比赛、踢腿高度比赛等。

④学生在练习武术基本功时，会产生非常明显的疲劳感和疼痛感，在这个时候教师应该抓住机会，对学生进行意志力的培养和教育工作，提高学生的意志品质。

2. 基本原则

（1）严格性

在武术基本功中，所谓的严主要着重于武术动作的规范程度，不管是一招还是一式都要求有清晰的方法，有准确、标准的动作。在武术基本功的练习中一般对于身体的基本姿势有具体要求，具体如下：头正、颈直、挺胸、沉肩、立腰、敛臀，即上肢要保持挺拔和舒展，下肢需要保持清晰的轮廓，从整体上来看，要有匀称的形体动作。每一个动作都有着严格的规定。举例来说，在下肢弓步的要求中，全脚着地的同时前脚内扣，保持屈膝半蹲的姿势，大腿接近水平，挺胸立腰。教师应该在训练中落实严格的技术要求，需要保持高标准，对学生严格要求。

（2）全面性

武术基本功包含的内容非常广泛，具有全面性的特点。具体来说，桩功可以使人的下肢力量得到增强；腰腿功可以使人的柔韧性增强；跌打功可以提高人们的弹跳能力和速度能力；等等。人的身体是一个有机体，在运动过程中，人的身体对外部环境和内部环境的适应性是通过统一的整体得以实现的，它们之间存在着相互制约的关系。当人体肌肉在运动的时候，其他的身体器官也会随着肌肉的变化发生相应的变化，要想顺利完成肌肉工作就需要建立在所有器官系统的活动得到提高的前提下。

（3）系统性

在武术运动中，体现运动员技术水平高低的是运动员从单个动作到组合动作再到套路演练的这一整个过程。在这个过程中，技术是由易到难、由简到繁的一个相互衔接、相互关联的环节，这需要运动员进行系统性、长期性的运动训练才能实现。学生应在运动生理规律的基础上，进行基本功的体系化训练。同时，需要常年坚持严格训练，让有机体所产生的一系列良好变化可以实现长期的积累，并且这种训练必须落实到每个阶段、每个周期、每次训练中。

3. 教学内容

武术基本功泛指武术中各种步型、手型，以及腿、腰、肩功等。武术基本功训练内容主要有手型训练、步法训练、平衡训练、腾空训练、内桩功训练、外桩功训练等。在武术运动中，强调手、眼、步、身、法等之间的相互配合与协调，并非对动作的局部强调，也并非单个关节的活动。武术运动主要以腰为轴，环环相扣，不管是所踢出的腿，还是打出的拳，都需要具备整体的力量。不管是快速的踢腿、灵活的走位，还是长时间的对峙，都离不开力量。要想在武术运动中打出有力量和速度快的拳，踢出又快又高的腿，离不开肌肉的力量，也离不开肌腱、韧带的柔韧性，只有身法和步法灵敏才能保证速度的提高。在此基础上进行武术基本功的教学活动，可以促进身体各部分的平衡乃至全面发展，从而达到快速、有效提高学生综合素质的目的，让学生的身体可以适应武术运动和训练的相关要求。

（1）腿功

①正压腿。学生可以站在具有一定高度的物体前面，将左脚放在物体上，勾起脚尖，保持两条腿伸直，同时两只手在左膝上扶按或者是两只手抓握住左脚，之后上体立腰向前下方按压，让头尽可能去碰及脚尖，两条腿轮流进行。正压腿的练习要点——两腿需要伸直，并且立腰挺胸向前压。

②侧压腿。用右腿支撑站起来，将左脚从身体一侧放到一定高度的物体上，勾起脚尖，抬起右手臂，将左掌放在胸前，腰部挺立，双腿伸直，将上体向左侧下方按压，并逐步增加按压的力度和幅度，直至上体侧倒在左腿之上，两条腿轮流进行。侧压腿的练习要点——两腿需要伸直，开髋立腰挺胸，上体完全侧倒在一侧的腿上。

③后压腿。与一定高度的物体背对，双手要叉腰，用右腿支撑站立，将左腿向后伸，此时脚背应该与物体接触，双腿保持伸直状态，上体向后下按压，并逐步增加按压的力度和幅度，两条腿轮流进行。后压腿的练习要点——立腰挺胸，双腿应该伸直，头也需要后仰。

④仆步压腿。右腿屈膝并且全蹲，整个脚需要踩地，左腿应该向左侧伸出，并且伸直，脚尖内扣，双手握住双足，摆出左仆步的姿势，腰部保持挺拔，向左转向前压，两条腿轮流进行。仆步压腿的练习要点——抬头挺腰，一条腿全蹲，另外一条腿要伸直，双脚应该与地面紧贴。

⑤正搬腿。将右脚伸直作为支撑，将左腿屈膝后提起来，用右手抓住左脚，左脚向前伸直，膝盖伸直，左脚外侧需要朝向前方，两条腿轮流进行。正搬腿的练习要点——两条腿要伸直，同时挺胸立腰，需要把做搬腿动作的脚的脚尖勾紧。

⑥侧搬腿。将左脚伸直作为支撑，右腿从侧面提起来，右手需要从右小腿处进行侧绕，在脚后抱住右脚跟，右腿伸直，勾紧脚尖，两条腿轮流进行。侧搬腿的练习要点——两条腿要伸直，同时挺胸立腰，需要保持身体平稳并立直。

⑦竖叉。两条腿前后分开成一条直线，其中左腿向后侧着地，右腿向前侧着地，脚背要扣在地上，同时两只手臂要立掌侧平举，两条腿轮流进行。竖叉的练习要点——挺胸立腰，沉髋挺膝。

⑧劈横叉。两条腿需要左右分开伸直，坐成直线，两条腿的内侧应该与地面紧贴，两只手臂立掌侧平举。劈横叉的练习要点——完全打开髋关节，保持挺胸立腰。

（2）腰功

①前俯腰。两脚并拢，双手十指相扣，手臂伸直向上举，手掌朝上，身体尽可能前俯，保持塌腰挺胸的姿势，让双手尽可能地接触到地面，之后松开双手，两只手绕过双腿抱住脚跟部，尽可能使自己身体的上体和双腿进行紧密贴合。前俯腰的练习要点——双腿应该保持伸直，上体在向前俯的时候，保持塌腰、收髋、挺胸。

②甩腰。两只脚呈开步站立，手臂需要伸直向前举，将腰作为轴，身体上半部分应该做前后屈动作和甩腰动作，此时双臂也应该随之进行甩动。甩腰的练习要点——保持双腿伸直，同时放松腰部，后甩的时候要抬头挺胸，甩腰的动作应该保持紧凑性和富有弹性。

③涮腰。两腿分开，分开的长度比肩膀稍宽，上身向前俯，髋关节为轴线，双臂向前伸展至左下方伸出。挥动手臂，让双臂随着上体向前、后、左、右做翻转绕环的动作。左右涮腰需要交替进行。涮腰的练习要点——保持双腿伸直，同时将腰作为轴，在翻转绕环的时候应该保持和顺、圆活。

④下腰。双腿分开宽度与肩膀宽度相等，双臂伸展向上抬起，后仰，挺胸，两只手支撑地面，让身体形成一座桥的形状。下腰的练习要点——双脚保持平稳站立，膝关节处应该尽可能保持挺直，同时腰部向后弯曲上顶，脚跟不能离开地面。

（3）肩功

①压肩。面对具有一定高度的物体，此时需要双脚分开与肩膀宽度相等，身

体需要前俯，双手抓住横杆，昂起头，挺起胸膛，塌腰，同时用力将身体往下压。压肩的练习要点——保持双腿伸直，肩部应该放松下沉，将力点集中在肩部区域。

②单臂绕环。站立呈左弓步，用左手扶着左膝，右臂以肩为轴做顺时针、逆时针方向的绕环，两只手臂需要交替轮换进行。单臂绕环的练习要点——双臂平展伸直，保持双肩放松，绕立圆。

③双臂绕环。将肩关节作为轴，开步站立，两只手臂分别向前和向后做直臂绕环，顺时针和逆时针的环绕需要交替进行。双臂绕环的练习要点——保持身体挺直，保持手臂伸直，肩部放松，绕环的时候需要保持协调、和顺。

④两臂交叉绕环。两只手臂向上伸直举起，开步站立，将左臂以及左肩的关节作为轴，向下做顺时针绕环，与此同时，右臂应该将右肩关节作为轴，向后下方做逆时针绕环。两只手臂绕环需要顺时针与逆时针交替进行。两臂交叉绕环的练习要点——身体保持正直挺拔，同时伸直双臂，保持绕环的协调与和顺。

（4）平衡

①提膝平衡。用伸直的右腿支撑身体，保持身体的笔直，左腿弯曲膝盖抬到腰部以上，小腿斜垂里扣，绷平的左脚面内扣，右手高举超过头顶，亮出手掌，左臂内旋伸直放置在身后侧呈勾手状。提膝平衡的练习要点——保持身体的平稳，塌腰，挺胸，收腹，提膝过腰的同时保持绷脚面的脚内扣。

②燕式平衡。用伸直的左腿支撑身体，右腿屈膝提起，在胸前交叉手掌，两只手掌向两侧分开并且平举，此时身体上半部分应该向前俯，让上体保持略高于水平的状态，挺胸展腹，右腿向后上方伸展，保持脚面绷平，保持高于水平的高度。燕式平衡的练习要点——保持双腿伸直，要求抬头、挺胸展腹，腰应向后弯曲，后举腿的脚的高度应该高于头顶。

（5）跳跃

①腾空飞脚。右脚向前迈步，左脚向前和上进行摆踢，右脚蹬地之后让身体跃起腾空，双臂举过头顶，右手背迎击左手掌。在空中，右腿向上踢，保持脚面紧绷，脚的高度应该超过肩的高度，右手迎击右脚面，与此同时，左腿膝盖弯曲，脚面拉直绷平，脚尖朝下，左手在摆至左侧上方的时候变为勾手，稍比肩部高，

上身微前倾。腾空飞脚的练习要点——在右手拍击右脚的时候，应该让左腿屈膝并在右腿侧处放置和控制，在空中应该保持上体的微前倾，不坐臀。

②旋风脚。以高虚步亮掌为起点，左脚往左上侧跨出一步，左手掌向前推出，右手掌向右后摆。然后，右腿紧跟着上步，脚尖内扣，做好蹬地起跳的准备。左掌摆至右胸前，右掌需要自右向左进行直臂摆动。当身体重心向右移动的时候，右腿屈膝蹬地跳起，左腿应该提起向左后上方摆动。与此同时，手臂向下，向左后方抡摆，此时上体向左上方进行翻转，右腿应该做里合腿摆动，左腿需要下垂，左手在前以迎接右脚掌。凌空翻身一周，落在地上。旋风脚的练习要点——摆动手臂，转体、踏跳、里合腿做得协调并且连贯，身体转动幅度不低于270°。

4.教学方法

（1）提高对武术基本功的认识

在武术基本功的教学中，首要任务是对武术的内涵有深刻、准确的理解。武术作为强身健体的重要手段和方式，不仅蕴含着丰富、深厚的人文精神，还是一种具有悠久历史的中华传统文化。武术之美在于其是精、气、神自然而然的结合。除此之外，还需要对武术基本功的特点与技术进行深入了解，让学生明白学习武术基本功并非一件非常容易的事情，而是比较艰苦和枯燥的事情。不过，只要学生坚持不懈，就一定能学好武术基本功。同时，对武术基本功特点与内容的详细介绍，可以使学生对其有一个初步的认识。不仅如此，学生还应该对武术基本功学习的重要性有全面的了解。

强化基本功练习，可以提高学生的综合能力，全面锻炼身体的各个部位，从而提高学生的专项素质，如提高腿、腰、肩的柔韧性。除此之外，在基本功的组合练习中，快与慢、动与静、起与伏、吞与吐等都表现出了强烈的韵律感，具有节奏性，这也成为套路练习的重要前提条件。加强基本功的练习，可以使身体各个部分的弹性和延展性得到提高，增强关节的灵活性、可塑性，增强神经对肌肉的控制力，进而延长运动寿命，预防运动损伤。

（2）教学方法与手段的创新

①对教学方法进行优化。这里主要论述五步教学法，即模仿练习、集体练习、分组练习、集体练习、小组比赛，这是一种循序渐进的练习方法，可以由易到难、由浅入深，不断激发学生的学习热情和学习积极性。第一个步骤，模仿练习。教

师要以动作的特点为教学依据，决定示范的距离、方位以及速度，只有保持适当的距离、方位和速度才能让学生一边倾听一边模仿，从而了解并记住动作的方向和路线。第二个步骤，集体练习。教师在解释与示范之后，可以组织学生进行集体练习，在练习过程中要放慢速度和节奏。集体练习的作用在于纠错、培养学生的整体意识。第三个步骤，分组练习。分组练习的主要目的是发挥帮、带、领的作用，让学生在小组中取长补短，呈现更好的学习效果。第四个步骤，集体练习。学生在前三个阶段的训练基础上，掌握基本的技术和要领后再一次集中练习，呈现出整齐的动作，这有利于学生节奏感的培养，并且可以营造出一种气氛热烈、场面壮观的学习气氛，同时还能提高班集体的荣誉感。第五个步骤，小组比赛。小组比赛的主要目的是提高学员的竞技水平，使其树立竞争意识，使自身的技术要领得到巩固。例如，踢腿比赛，以动作规范为依据，以一条横线为目标，强调踢腿高度。

②创新教学手段。首先，积极运用科技手段，提高学生的学习兴趣和积极性，提高教学效果。科学技术的革新和发展，不仅在一定程度上促进了体育教育的发展，还促进了体育教学效率的提高。适当地将多媒体技术应用到武术基本功教学中，既可以提高教学的趣味性和丰富性，又可以使示范过程中的直观效果得到增强。以使用摄像反馈法为例，第一个步骤，对武术基本功的相关视频进行观看，让学生有一个基本的了解，教师可以在这个阶段进行简要的介绍。第二个步骤，学习体验，在体验过程中，教师可以根据学生的实际状况，一边做练习和讲解，一边纠正学生的错误。第三个步骤，教师根据学生的实际情况进行分类，从整体到个体、从典范到反例、从单独到组合，进行多角度、全面的拍摄。第四个步骤，观看录像，先看学生的录像，然后大家一起讨论，之后观看范例视频。在此基础上，对两种视频进行分析，寻找自身的不足。第五个步骤，再次实践，对自身的动作进行修正，不断提高动作的质量和标准度。最后形成看（视频）—体验（课堂实践）—看（自我反观）—自我修正的一个完整的学习过程。除此之外，可以借助于先进的多媒体技术对武术基本功的一些动作的关键环节进行三维设计，并且配置与之相对应的动画、文字、音乐等，实现视听统一。

其次，运用谚语激发和启发情感。武术谚语主要用于对习练武术的要诀进行说明，借助生动和形象的语言比喻来进行阐释。在武术基本功的教学中，教师可以适当应用谚语，以此提高教学的效果。例如，明确指出练习武术需要持之以恒地坚持下去，谚语为"拳不离手，曲不离口"；武术基本功练习的重点是要把握好学习的正确方式，谚语为"千学不如一看，千看不如一练"；要根据自身的感受决定运动量的多少，谚语为"酸多练，痛少练，麻不练"；为防止因锻炼而生病，应该提醒学生"拳后满身汗，避风如避箭"，切不可贪图一时之快，以免造成不良的后果。还有对武德进行说明的谚语，即"德薄艺难高"，这不仅可以提高学生的道德素质，还可以指导他们提升技巧。

最后，可以借助口诀对记忆进行强化。在实际的体育教学中，学生对技术动作的体验更加感兴趣，对于技术动作的要领记忆情况较差。在武术的基本功教学中，很多的技术动作的要领论述非常长，字数多，如果频繁地讲解会很浪费时间。在此基础上，将武术基本功动作要领提炼为"口诀"，既能增强学生的记忆效果，又能激发学生的兴趣，让学习变得具有趣味性。例如，"双腿交叉要夹紧，屈膝下蹲身要稳"是歇步的口诀；冲拳的口诀为"双手抱拳在腰间，双脚分开比肩宽；拧腰顺肩拳内旋，快速有力冲向前"。鉴于此，教师在教学中应该针对技术的特点进行不断改进与实践，将复杂的技术简单化，将繁杂的技术要领内容简要概括为有趣的口诀，使教学的效果得到有效提升。

（3）基本功练习贯穿课堂内外

武术基本功的练习相对来说是比较单调和枯燥的。鉴于此，如果在教学中，以课时的形式讲授武术基本功就会更加让学生感到课程枯燥，因此基本功练习可以作为一种辅助性的练习。例如，在准备活动的练习中可以进行压肩、单臂绕环、双臂绕环等臂的练习，前俯腰、甩腰、下腰等腰的练习，压腿、搬腿、劈腿等腿的练习，以及冲拳、架拳、推掌等手法的练习，弓步、虚步、马步等步型的练习。除此之外，还可以将基本功与游戏相结合。不仅如此，还可以将武术基本动作作为大课间的内容。教师需要运用口令指挥，在喊口令中形成积极向上的、浓厚的练习氛围。

（4）科学评价，促学生全面发展

评价的主要目的在于改进，最终实现学生的全面发展。第一，全人评价。一般包含三个方面：学生与学生的评价、师生评价、学生自我评价。也就是说，课堂上的每一位学生都是课堂教学评价的主体。第二，与田径项目相比，武术基本功的学习有非常大的不同，对动作的规范很难进行量化评价，只能进行主观评价。鉴于此，在武术基本功的教学评价中，发现式评价非常重要。

发现式评价本质上是对学习中的学生的积极因素进行发现和挖掘，对学生的优点加以肯定，对技巧要领进行完善，从而调动学生的学习积极性和学习热情。发现式评价主要包含以下三种形式。

第一，从技术到情感，如对学生说："动作做得非常好，若是态度更为积极，进步一定很快！"第二，从情感到技术，肯定学生的学习态度，对学生的体育思维进行拓展和延伸。例如："这位同学学习态度非常好，若是在动作的细腻性上加以思考，定能提高效率！"第三，从技术到技术，对学生技术的正确部分进行肯定，以此鼓励学生将整个动作做好并完善。例如，在做马步冲拳练习时可以这样评价学生："这位同学的马步做得很规范，若是冲拳的速度更快就完美了！"

（二）高校武术拳术的课程教学

1.教学要点

在大学体育教学中，拳术是一项新的内容，并且在新颁布的体育大纲中对拳术的套路进行了新增。在当前的体育拳术教学中面临以下问题：未来，到底怎样开展拳术教学？采用哪些行之有效的教学方法与教学手段，以不断提高教学质量？拳术的教学重点有两个方面，具体如下。

（1）教师应该深入钻研教材

作为拳术教师，应该对套路中全部的动作进行技术性掌握，并且自身应具备过硬的教学示范本领和传授技巧。进行启发诱导的重要基础和前提是言传与身教相结合，以此为基础，对套路中的动作以及复杂的工作进行研究和分析，并且对难点动作进行重点研究，教师在实践中要有重点和层次地开展教学。

（2）拳术具体的教学步骤

第一步：熟悉拳术套路的势式、手型、步型，对于拳术套路中的基本功，应该在第一次上课时留出一定的时间学习。

第二步：将每一节课所要学习的动作分成两段，以段为单位，逐一进行教学。最后把上一节课的动作和这节课的动作结合起来进行回顾复习。

第三步：使整个套路的每段动作保持连贯一致，并配合纠正动作的演示，使拳术套路的打法更加具备规范性。

第四步：在对拳术套路进行掌握的基础上，努力实现手、眼、身、步的统一，展现出"往返多变""身促手动""手到眼随""步随身转""步法轻稳"的特点。让整个拳术套路可以一气呵成，使整个人呈现精神饱满、思想集中、意气风发、神态舒展的状态。

第五步：详细讲解拳术套路中的攻防方法，让学生不仅对拳术有所了解，还了解其内涵与本质。只有这样才能深层次激发学生的学习兴趣和积极性，使其不断增强学习信心，让拳术课呈现得更加活泼。

2.教学方法

（1）应该讲解什么

①对拳术套路中的动作要领以及正确的规格进行讲解。

②对拳术套路中的重难点动作进行讲解。

③对拳术套路中非常容易出现的问题进行总结、分析，并进行矫正。

④对拳术的风格、特点进行明确，讲述拳术与体操的不同。

⑤对拳术的技击法进行讲解，并且对作用进行阐述，同时进行示范。

⑥根据学生的实际情况决定讲解的深浅程度，在教学的时候应该将示范与讲解相结合，并且通过启发教学、诱导教学，不断增强学生的学习信心。

（2）如何讲解

①所有与拳术套路相关的动作内容，都要简明扼要地说明，有些内容可以由教师演示，如果学生能看懂，就省略不讲。

②在教学开始之前，可以对拳术的特点、价值、结构、风格等基本知识进行讲解。

③对于难度较大的动作或者动作的细节，可以在演示的同时进行讲解。

④在最后的提高和巩固阶段，可以进行技击法的讲解以及与技击法作用相关的知识的讲述。

⑤要想让学生对拳术的风格与正确的规格进行深入理解，需要让学生连贯地完成全套路的动作，在此基础上，教师开展针对性的讲解示范与矫正。与此同时，还需要让学生对拳术的风格、正确规格有明确的了解。

（3）示范与示范位置

①教师对教材内容掌握的熟练程度，决定了示范效果的好坏与质量的高低。

②在考虑示范的位置时，首先应该保证学生的视线可以看到教师的示范。教师在讲解和示范的时候，应该直面学生，采用慢速度与正常速度相结合的方式示范。一般在讲授新动作时，先背向学生领做，保证与学生处于一个方向，教师应该站在左侧方的位置，离前排大概 6 米左右的距离。在领做中，对于复杂动作，需要在正面示范之后，依旧进行背向的领做。在学生对这些动作有一定的了解之后，教师示范转为正面示范或侧面示范，或者只用口令指挥，喊出动作名称即可，在喊口令的时候，教师应该保证做到清脆有力、声音洪亮，并且使用提示性的术语进行指挥。

③每节课的讲授次序和教学手段。首先，在第一节课上，先讲解拳术的基本知识、拳术的特点、拳术的结构、拳术的价值等，使学生对拳术有一个全面、基本的认识。其次，以常规的速度将全套路动作，进行一次完整的演示与示范。再次，以缓慢的速度示范课程所要学习的动作。最后，将课程中所学习到的动作分成两段，对第一小段的动作进行分解教学，逐个教练，先讲解动作的术语、名称以及动作要领，在讲解的时候先进行正面的示范，之后背向学生领做。当学生对这个动作有一个基本的了解之后，就可以切换到正常的速度做这个动作了，这时教师可以使用口令进行指挥（教师此时需要面向同学）。等学生基本掌握了一个动作，就开始下一个动作的教练。对于其中难度较大的动作，应采取分解教学法和完整教学法相结合的教学方法进行教练。在学习完本节课的所有动作之后，需要反复进行练习。

④讲解与示范是在实际教学中，教师帮助学生树立正确观念的根本方法，两者是不可分割的，相互依赖、相互补充。如果教师只进行简单的讲解和示范，无法达到预期的效果。所以，在教学中应该将教学过程视为一个树立正确观念，并不断获得熟练技术的过程。要做到这一点，在整个教学过程中教师必须进行有效、正确的讲解和示范。然而，要想取得更好的教学效果，一定要注意课堂的密集性，要进行精讲和练习，并且要在教学的不同阶段，根据教材的难易程度，根据新或旧的教材内容，综合考虑学生的实际水平，进行恰当、科学的示范和讲解。

（4）课内与课外相互配合

增加学生练习拳术的机会。只有这样，才能更好地促进学生技能的提升，真正提高学生的身体素质，强身健体。

3.南拳的课程教学

（1）高校南拳课程的意义

历经漫长发展历程的武术是中国传统文化的结晶，也是中国传统体育文化的瑰宝。武术在数千年的历史长河中形成了特有属性与价值、作用，已逐渐形成了自己的特色。在不断发展与演进的过程中，中华武术获得了发展与完善，不仅丰富了武术的内容，呈现出多样的形式，在内涵深度和精度上也在不断深化。西方的教育体制在1916年进入中国之后，中国的教育方式发生了转变，武术也正式成为一种新的教学内容走入校园。就此来看，我国的武术教育已有百年，相关的专家认为，武术虽然在不同的时期编入了一些教学大纲中，但是高校中的武术教育还存在着一定的不足，如单一的内容、枯燥的课程等。南拳的招式容易上手，比较简单，同时具有很强的攻击性和防御性，可以更好地激发学生对武艺的学习兴趣和积极性。

①初级南拳能够培养学生对武术的学习兴趣。在我国大学以前的教育中，武术教学不管从师资力量上来说，还是从授课课时比例上来说，都是体育教育中非常薄弱的一环。在生活中，伴随着传媒手段的快速发展，学生的视野中涌入了很多像"飞檐走壁的轻功""以一敌百的神功"等夸张的武术，这导致学生对武术产生了浅薄的认知，并且有着不切实际的幻想。鉴于此，就大多数的学生来说，武术是一种既熟悉又陌生的体育项目。在大量的教学实践中，可以看到在对武术学习的过程中，学生有着不同的侧重点，有的看重武术的实战性，有的看重武术动作的美感。当前的武术教学以长拳套路为主要的教学内容，存在着技术动作较为复杂，动作路线比较难记，教学中很少获得技击性知识等问题。长拳套路对身体有着较高的素质要求，身体必须有很好的柔韧性才行，因为像腾空这样的动作，以及踢腿、基本的步法等都是建立在灵活性的基础上的。身体的柔软程度对学习者动作的到位程度有直接的影响，学生的直观感受就是，尽管是同样一套动作，但是观赏性大打折扣，这无法满足学员对武术观感的要求。

另外，大多学生都是第一次接触武术，对武术没有什么了解，也不具备练习武术的基础，所以在整个教学过程中，基本功的练习贯穿其中。过多的基本功练习，使学生很难获得成就感，学习的热情就会降低，进而学生的学习兴趣也就会消退，这就对武术教育教学的课堂效果产生了直接的影响。因此，在大学生刚开始学习武术时，教师的主要任务已不再是单纯地传授套路动作、教授技击技术，而是要培养学生对武术的兴趣。

初级南拳套路全套动作具备快速、简单、容易记住的特点。不仅如此，还具备拳刚、步稳的特点，有着实战的味道。初级南拳套路全套动作有着非常多的上肢动作，腿部动作较少，跳跃较少，多为短拳，对身体的柔韧性没有很高的要求，即使是毫无武术基础的初学者也能练习。南拳较为简单，非常容易学习，同时还具备武者的霸气特点，符合学生对武术课的期待，会呈现出较为良好的教学效果，也会使学生提升对武术的兴趣，因此初级南拳非常适合大学生学习。

②初级南拳能满足大学生对于健康的追求。在学校的体育教学中，要注意形式的丰富性和内容的多样化，调动学生的积极性，营造愉悦、轻松、和谐的课堂氛围。作为学校体育中的重要成分之一，武术的主要功能就是为教学营造一种愉快、和谐、轻松的氛围，使大学生在生活与学习中的紧张心理得到释放。在大学生群体中，部分人有着明显的情绪特点，即兴奋性高，波动性大，封闭性强，这也就表明其此时还处于一种不稳定、不平衡的心理发展时期，此时承受挫折的能力还较差，对环境的适应能力还需要进一步提高。

心理健康的重要标志之一就是具备良好的心境。大学生进行时长为九十分钟的武术课程，可以将自身的不良情绪状态消除，如紧张、疲劳、困惑、愤怒、抑郁等。南拳的发力方式，多采用的形式为以气摧力、以声助威，也就是先蓄力，再突然做出剧烈、快速的动作。立足于医学的角度来看，主要原因是在"气贯丹田"之后，五脏六腑的机能会有较大的提升，从而强化了中枢神经的系统功能。如此一来，"内气"便可在运动中枢的调控下，流向人体各部位，如肌肉或关节等感受器。因此，在古籍中，丹田也被称作"气海"。所谓"以气摧力"，其实强调的就是"力"和"气血"之间的关系。此时，随着动作中枢不断释放压力，内气所过之处，肌肉会被强行收缩，这就是所谓的"力"。需要用自己的意识去控制、调节气的流量和力的大小。南拳有着朴实、阳刚的动作，有着以声助气、因势呐喊、以气催力的形式，对学习者的心境有着深刻的影响，因此就此方面来看，南拳能够满足大学生对于健康的追求。

③初级南拳有利于培养大学生终身体育的意识。在现代教育环境下，学校体育已由纯粹地为学校体育教学服务，转变为全民健身、群众体育、终身体育的工

具和手段。在武术教学中，学生掌握长拳套路动作的路线，并对套路动作进行粗略掌握，就需要大概半个学期的时间。等到学生对动作的姿势有了基本的了解，并确保了步型的准确性后，武术动作才能逐渐形成并巩固，此时已经到了学期末。学生想要一气呵成，达到力量协调、动作连贯、整体完美，更是难上加难。最终，为了应付考试，不得不临时记忆套路动作，但其实学生并不完全理解它。基于此，武术的继承和发展就会受到影响。在武术教学中，经过多年的实践，笔者发现初级南拳具有很强的实战性，并且就动作幅度来说也不大，属于学生非常容易接受和掌握的一种武术套路。与此同时，南拳的观赏性和模拟实战性能让学习者的演练兴趣和积极性得到提高，以气摧力、以声助威的独特的表现形式又能让学员们沉浸在练习中。

所以，初级南拳对大学生来说，是一种很好的锻炼方法，对增强他们的体质、提高他们的身体素质有积极作用。因此，将南拳纳入高校武术课程具有可行性和必要性。

（2）高校南拳课程的内容

南拳的特征是动作招式粗犷、朴实，以上半身的肢体动作为主，腿法和弹跳较少。发一猛劲，借着这股力量，因势呐喊、以声助气、以气催力。其有猛烈的拳势，有稳固的步法，是一种非常阳刚的拳种。南拳在各地区有着不同的风格，但是总体上来看，可以分为两种：一是含胸拔背，沉气敛臀。在演练的时候，需要沉肩屈臀，吸腹蓄劲，先收后放。二是收腹敛臀，挺胸立腰。在演练的时候，要求身体笔直，步法稳固，动作流畅有力，有鲜明的节奏。

①姿势如下。头部：要求全神贯注，表情认真严肃。当静止不动的时候，眼睛注视自己的手、脚，或者平视；在做动作的时候，双手和眼睛都要配合得很好，做到手眼相随。

躯干部：上体身形主要有两种——挺胸立腰与含胸拔背。在擅长发短劲的南拳中，一般为含胸拔背。含胸拔背应该是胸微内含，而不是凹胸、驼背。

腰胯：南拳讲究的是拧腰、挣胯，腰力如果使用得好，有助于发力，拧腰可以加快发力的速度，将全身的力量都集中在一点上，挣胯可以使重心保持稳定。

腹臀：收腹、敛臀，保持身体正直，切记挺腹或使臀部外突。

腿部：下肢动作要保持平稳，身体的重心应该放在双脚的正中，不能上重下轻，移动要迅速。

②运动方法如下。稳健沉着：身体笔直，步履平稳，多以短拳为主，很少有跳跃和腿法，腿法多为踢等屈伸性腿法。踢踹的时候，不能超过肩膀，也不能低于腰部，其他的腿法要求是不能超过腰部。因为南拳以低腿动作为主，所以下盘要稳。步型的基础为"四平马步"，并辅以双蝶步、骑龙步、拐步等步法。这些重心都较低，在步型与步法进行转换时需要干脆、利落。

劲力突发：南拳发劲的方法有多种。第一种，用力快速向前，如双冲拳；第二种，手臂在挥臂时保持一定角度，并且用劲应该短促有力，如钉拳、短撞拳等；第三种，手臂上的肌肉绷紧，动作有力，缓慢平稳地向前推，如双推、单推、二字双手推、蝴蝶推等。

发声助发力：一般在做发力的动作或者象形动作的时候，经常会进行发声和吐气，将气与力合二为一，意形合一，由内向外拧为一股整体力量，凸显南拳的刚猛风格。

（3）高校南拳的基础训练

①桩功练习。扎马指的是桩功练习，这是南拳入门的首要练习，是"开门功"，也是最重要的一环。在此基础上，进行桩功练习，可以使学生更快掌握南拳的基本步型。南拳步型定型阶段进行桩功练习，必须严格落实动作的规格要求。学生可以对着镜子或者找伙伴一边练一边检查。桩功的练习分为两种，一种是动，一种是静。在自身条件的基础上，确定静力性练习的时间，在腿部力量增长之后，将时间延长，但是不要强求，否则会打破正确的动力定型。既要有动有静，又要动静结合，只有这样才能更快地消除四肢的疲劳，更好地掌握运动技术。

②基本方法练习。任何一种武术拳种的风格特征都是以某种方法表现出来的。如果方法不明确和不准确，那么就无法更好地显示其风格特征。所以，对南拳招式和动作的正确掌握是学习南拳的关键，应引起练习者的高度重视。南拳有很多技法，具体包含腿法、手法、步法、眼法、身法等。其中，手法又可以细分为掌法、拳法、指法、爪法、肘法等。学习者不可能一开始就练会全部的技法，应该以所学套路的特点为依据，选择和重点练习几种具有规律性、基本的技法，剩下的一些技法可以在套路学习的过程中练习，从而得到提高。形体表现是运动技法的最

终表现，外形是否恰当直接反映出一种拳种技术的高低，不可忽视。

对于动作的起止路线、攻防含义、着力点等应该进行准确掌握。武术动作构成的三要素：一是起止路线，二是攻防含义，三是着力点。不同的三要素决定着不同的运动方法，因此应该准确把握。对于动作的发力方法应该进行准确掌握，也就是说掌握用力顺序（起于足，传于腰，传于梢）和用力技巧（先柔后刚、有柔有刚、刚后必柔），让全身的九节劲（手、腕、肘、肩、背、腰、胯、膝、足）节节贯穿，协调顺达。

（三）高校武术器械课程教学

1. 高校武术剑术的课程教学

（1）初级剑术简介

在学习高等剑术技巧之前，学习者必须先掌握初级剑术的基本套路，为未来的学习奠定基础。初级剑术包含了部分人体动作，将剑作为辅助道具，涉及剑体不同部位（剑尖、剑身等）在不同时间节点的空间运动轨迹、动作力度等。考虑到剑术的特殊表现效果和演出特质，它同样具有一定的美育价值。剑术初学者首先要遵循的要求是一招一式动作到位、力度均衡、举止自然。随着难度层级的提升，剑术的动作内容会丰富，动作编制和结构将更加严谨周密，动作更加复杂的同时也会更流畅、更优美。剑术动作流程的组织和设定应该顺应体育教学的一般规律。除了常规的起手动作和收束动作之外，全套的剑术动作总共包含分为 4 段的 32 个动作，从起式到收式，共有 2 个直线来回。

（2）初级剑术对学生的影响

第一，剑术运动量负荷适中，对学生心理承受能力友好。

很多学生在接触新运动类型时都容易产生畏难心理，担心运动强度大、动作难度系数高，特别是一些身体素质比较差、心理承受能力不强的学生，因为担心发生运动损伤或发挥不好，抵触运动强度大、反复性强的运动项目。所以，个别的教学项目并不能充分激发学生的主动性、积极性，甚至有反向效果，打击学生的自信心。一般来说，初级剑术没有这样的问题，因为它的负荷并不大，运动量也不高。无论是从练习的强度和难度来看，还是从运动负荷来看，剑术都是一项值得推广的运动。剑术要求学习者提高身体的灵活程度，要求动作轻盈优美。只要编排得当，就能在短时间内让大部分学生掌握基本观念并上手，这是剑术的优势之一。长跑、举重、游泳等项目，运动强度很大，练习时会耗费大量的体力，容易出现运动损伤的情况，这些项目的训练周期很长，要经过长期锻炼才能收获实效；剑术学习的上手相对来说快得多，学生如果认真观察教师的动作并加以练习，几天之内就能比较熟练地完成基本的剑术动作，也会对项目产生较强的认同感。简单易学的技术动作能使学生的心理得到不同程度的满足，未来在接触一些高难度动作的时候，也能循序渐进，不会因畏难产生过重的心理负担，也不会因害怕失误、受伤等产生过大的心理压力。在初级剑术的练习过程中，学生不仅能够逐渐累积经验，还会随着技术的提升增长信心和勇气，养成锐意进取、永不言弃的品格。综合而言，剑术练习相当适合刚开始进行身体锻炼的大一新生。

第二，全方位提升身体机能素质。

剑术在健身方面也有不可忽视的作用，剑术作为一项历史悠久的传统运动，融合了许多养生保健的观念，在发展过程中将古典养生理论和传统医学观念系统化地吸收到了自己的理论体系中，强调内在心志活动、气息运行（心、神、意、气）和外在形体活动（手、眼、身、步）的协调兼修。初级剑术包含人体动作的练习以及对辅助器械剑的使用，技术动作涉及手法、步法、步态和若干种自成体系的剑法。武术运动要求"动迅静定"，动如闪电流星般快速，静如山岳一般安稳，这些都能锻炼神经系统的机能。剑术有利于陶冶性情、缓解压力，对人的力量、耐力、速度等各种身体素质的发展有积极作用。剑术的广泛适应性体现在不受场地器材的限制，田间地头、公园道旁都可练习。在健美方面，剑术练习对人体塑形能起到良好的作用。学生坚持练习和巩固剑术中的步法及身法，身体的各个部位就会得到有效的锻炼，从而提高各项机能素质，包括爆发力、柔韧性等，这也是一个健身塑形的过程。

第三，能培养学生的美育意识。

"健体强身，观赏娱乐，竞技比赛"正是今天剑术的基本功能和作用。初级剑术教学对整齐度和节奏把握十分重视，学生在协调统一的团队配合中，会自然而然地获得一种美的体验；动作顺利收束时身体的放松姿态，再加上顺畅自然的动作，还能够充分彰显人体美和蓬勃向上的气质之美；人体动作力度和器材的和谐配合也能让学生从中了解剑术的独特之美，让演示者和参观者都获得健康之美的享受。所以，剑术练习同样拥有很强的美育意义。很多人之所以选择练习剑术，都是出于对传统文化中剑术的向往，以及对传统武术的热爱。剑术的特点在于潇洒爽利、敏捷轻盈、飘逸优雅。剑术有着悠久的历史，富有传奇色彩，所谓"一舞剑器动四方"，自古以来我国舞剑之风甚重。在现代，剑的基本功能和作用已不再表现为一种军事战斗力的载体，而是演化为一种用于健身的体育器材。剑术的练习，可以让学生对我国历史悠久的传统武术文化产生深入全面的切身体会，不仅能提高身体素质和审美素质，还能让学生在无形中接受潜移默化的爱国主义教育，可谓一举多得。

在修身育人方面，习练武术可以培养许多优良的品质。长期练习剑术可以培养人们勤奋、刻苦、果敢、顽强、虚心好学、勇于进取的良好习性和意志品质。在反复琢磨剑术的动作细节时，要求练习者具有砥砺精进、永不自满的品质。

总之，随着经济的发展、社会的进步，以及物质生活的丰富，追求精神享受和健康的生活成为人们共同的目标。剑术在防身、健身、修身、娱乐和文化修养方面具有独特功能，并且舞剑也十分优美利落。在我国高校现有的体育科目当中，初级剑术的难度系数并不高，是学生很容易练习的基础科目之一。系统性地接受剑术指导、开展相关练习，能够帮助高校学生培养良好的体育锻炼习惯、高雅的体育审美情趣，同时还有助于提高学生在体育锻炼方面的参与意识，所以是相当有可实践性的项目，有助于为学生未来学习其他体育项目奠定体能基础。在剑术的发展中应强调其文化内涵和健身、修身、防身功能，使武术在丰富人们的文化生活、提高身体素质、促进精神文明建设、弘扬传统文化等方面发挥巨大的作用。审美趋向是未来相当长一段时间内我国体育教学的发展方向，体育教育工作者不仅要具备过硬的体能素质和教学技能，还需要有基本的美学素养，通过体育教学让学生接受美育的熏陶，逐渐培养学生的体育审美素质，通过课堂教学组织和课下自发的体育运动，发现、诠释并创造人体健康和律动之美。

（3）高校武术剑术课程内容

初学者在接触剑术练习时需要特别注意以下几则技术要领。

①剑法规整。剑术的组成基础是不同的剑法。剑器是剑术起源的根本，剑法是剑术发展的核心。武术谚语中说"剑如飞凤"，是说剑术演练起来，其动作活泼轻快，伶俐敏捷，一开一合，潇洒飘逸，一上一下，势如翻飞，形如彩凤。剑

术因剑法的存在，其套路风格繁花似锦，体势五彩缤纷；剑法因剑术的表现，其招法发挥得淋漓尽致，动作韵味十足。

剑术是剑法与身法步法的综合，是整体；剑法是剑术组成的基石，是单势，所以剑术是剑器在技击格斗和套路演练的运动中，所表现出来的一种运动形式和艺术，剑法则是表现剑术这种运动形式和艺术的精髓，是表现剑术功力与技巧的灵魂。

在剑术的术语中，剑法又被称作"剑点"。只有掌握"剑点"，才能使得剑术在运动中有"法"可依，有"规"可循。如此不难看出，剑法既是剑器的使用方法，又是对剑术每一个技击与演练动作的具体规定。剑法是剑术的基础和根本，是剑术学习的要领和关键。因此欲学习剑术，先学习剑法。欲练好剑术，先练好剑法。掌握好剑法，操作娴熟，并运用自如，这是剑术学习训练的根本，也是提高剑术造诣的途径，为进一步研究剑术，踏入剑术的自由王国提供了可靠的保证。剑器本身独特的构造及性能，决定自身各个部位在技击和演练中的使用方法，因此剑法伴随着剑器的发明与出现而诞生。剑术的剑法分为三大类，即技击性剑法、表演性剑法和意形性剑法。技击性剑法用于技击与表演；表演性剑法用于剑术套路的动作过渡；意形性剑法是技击性剑法和表演性剑法动作的变异，是技击或表演剑法的特殊表现形式。太极剑中的剑法基本是意形剑法。剑法还可以按其自身的特点，分为单势剑法、复势（连续性）剑法、对称剑法、对应剑法、相似剑法、相反剑法、攻击剑法、防守剑法、弹性力剑法、韧性力剑法、刚性力剑法、顺向剑法、横向剑法、逆向剑法以及按攻击对手上中下位置划分的上手剑法、中手剑法和下手剑法等。正是由于剑法如此之多，才使得剑器挂上了"百刃之帅"的大印。

剑法多则生乱，易于重复，剑法繁则不便，难以掌握，剑法的繁多给剑术向现代体育转化和对外推广带来了较大的困难。首先，这种繁多使剑法招式个数不规范，剑术的剑法招数有多少，至今尚未完全统一，即使询问剑技各界的老手行家，也不能够真正说清楚。其次，繁多使剑法招式动作不规范。百余种剑法，而集于剑器一动一静之间，自然会使人感慨剑之用法甚多，各剑又复不相同，难以阐述。因此同一剑法名称下，不同一剑法动作者有之，同一剑法动作不同一剑法名称者也有之。再次，这种繁多使剑法招式名称不规范。除了同一剑法动作对应不同剑法名称外，还出现了同一剑法名称使用不同汉字的情况，给剑法的规范化带来了极大的障碍。剑术在中国武术运动中，占有极其重要的位置。剑法又在剑术中占有极其重要的位置，因此对剑法运用科学方法进行研究，使之适应武术向现代化体育的转化，则是十分重要的一步，是促进其转化的一个保证。

剑术要向现代体育转化，对外推广，公平竞赛，当务之急就是要解决以下两个问题：第一，使剑法规范化，即做到名称、数量、动作的规范化。无论何种剑法，欲明确其法，则必须以现代力学、解剖学、运动学和数学等学科原理为依据，对与剑法相关联的外在因素进行重新认识，以清理剑术环境，开辟现代科学道路；对诸剑法内在因素拆分，逐一分析，究其真貌，予以规范。第二，解决剑法的删繁就简的问题。打破传统观念，大胆合并相似剑法，如遥击剑法，可并入刺剑，分别为点刺、旋刺、挺刺、倒刺、短刺和掷剑刺；抄剑可以并入挂剑为上挂剑；砍剑可以并入斩剑为立斩剑；击剑可以并入劈剑为平劈；抹剑、削剑、拦剑可以并入撩剑分别为平撩剑、轮撩剑和截撩剑；抽、拉、割剑可以并入带剑，分别为抽带、拉带和割带剑；刜剑可以并入横剑为横刜剑；剪剑可以并入点剑为弧点剑；扑剑可以并入压剑为反压剑；圈剑可以并入绞剑为大绞剑等。固定一些剑法与身法、步法配合的定型动作，这种定型动作不同于组合动作。组合动作由多个单势动作组成，这种定型动作本身则为单势动作，只是剑法与身法、步法固定配合，并冠以固定的名称，如拳术中的"乌龙绞柱""鲤鱼打挺"，剑术中的"探海"，太极剑中的"大魁星势"等。在剑术中如能有十几个乃至更多一点这样的定型动作，对剑术的教学与推广，将会大有益处。剑法动作的规范化，必将缩短武术与现代化体育的距离。

②把活腕灵。任何武术器械都要靠手去掌握运用，这就需要懂得和掌握"把法"。把位、握把、移把（滑把）和换把等主要方法，统称"把法"（俗称握剑）。"把法"在器械的运用中，与招式、动作、各种技击一样，占据着重要的位置，并融合在整个套路和散打之中。"把法"的掌握，因各种类型器械的性能、特点的区别有所不同。剑器的用法，在十八般兵刃中最多，故剑有"兵刃之帅"的美称。正是如此，剑器在挥舞演练中才得以龙飞凤舞，千姿百态，吞吐自如，变化万千；在格斗中得以逢坚避刃，随心所欲，得心应手。所有这些，都是通过剑术的用把来实现的，所谓持剑的用"把"，是持剑者身臂腕指所发出的各种性质的

劲力，贯注于剑器上，并使之发挥技击和演练作用。不管是刚性力、弹性力还是韧性力，也不管剑器在剑法中是什么位置与状态，没有持剑的这种用"把"的运动与变化，则是无法改变剑器的状态的，因而也就使剑术无法体现出剑如飞凤的特点，甚而会失去了剑术的特征。剑术的用"把"，是指剑"把"的"法、向、位、型、性"五位一体的用法，即剑术的把法、把向、把位、把型和把性五位一体的用法。此可谓之用剑或持剑的五"把"。正确的把法剑法运行路线清楚，力点准确、剑势到位，否则剑在手中生硬不灵活，致使剑法表现不清，力点不准确，达不到舒展大方、身剑合一和神剑合一的要求。剑技高者能正确地表现出把法，随剑法的变化，腕指关节灵活多变，掌心松空，虎口各部位着力轻重各不相同。要练好剑术，除了掌握好剑法之外，还必须注意持剑的方法，许多剑法都是在灵活的持剑控制下，做到准确有力的。持剑方法不清楚，练习剑术就会显得呆板、僵硬。因此，只有了解灵活多变的持剑方法，才能很好地反映出剑术的风格特点。

③气韵生动。所谓的气韵，是一种需要持剑人在独练和对练中自我把握的感觉，大致可以理解为剑术运动的规律节奏，反映了持剑人的气度。一套剑术乃至一个动作必须富有节奏上的变化，这样练起来才能有气势、有韵味，如同音乐的抑扬、诗歌的韵律、书法的提落、波涛的起伏一样，如果缺少节奏上的变化，就会显得呆板无味、毫无生气。剑术节奏的处理体现在动静、刚柔、快慢、轻重、起伏等相互对立因素之间，做到动则急、静则稳，刚则猛、柔则轻，快则迅、慢则缓，轻则灵、重则狠，起则高、俯则低，这些变化不仅表现在整个剑术套路上，并且要贯穿在每式每动之中，使动与静、刚与柔、快与慢、起与伏等对立因素在同一个运动过程中相互转化，表现出强烈的节奏感。处理剑术套路节奏必须依据剑术的攻防规律和运动规律，使之快慢得当，刚柔合度，动静合理，轻重合法。之所以需要梳理剑术对练练习的节奏和气韵，一方面是因为教学的需要，不能一口气把所有动作讲到底，或者变成每个动作的单式练习，这样不光学习上乱，双方还很难配合；另一方面是因为练习的需要，在练习中不能掌握剑法的气韵和节奏，整套剑法就没有跌宕起伏的变化。"文似看山不喜平"，不光不好看，也让周围的人和练习者感觉无法直抒胸臆。实践证明，剑术对练是两个人的气机和神意的交流，不光是形体的动作。只有做到气机流畅，出入顺达，阴阳平和，才能给

练习者和观者带来阴柔阳刚之美，起到美意延年之效果。这恰恰是剑法的个人单练无法取代的，也是传统剑术的魅力所在、精华所在。

④刚柔并济。剑术更多地讲究技巧，而不是蛮力。因此，娴熟的剑术家在舞剑时姿态矫健优美，步伐轻快自如，这十分符合中国文人的君子风度。其实，不仅剑术，所有武术都讲求刚与柔两种对立统一的劲力法则，剑术流派和风格得以区分的关键正在于劲力的发挥和侧重。所有完备且理想的剑术，其劲力要求都不在于急功近利，而是刚柔兼备、厚积薄发、有进有退。现代剑术对此是一脉相承的，同样具有刚柔相济的特点，体现在每个招势定式及其连接过程都具有由松入柔、积柔成刚、刚复归柔、刚柔相济、外柔内刚、刚柔互用的特点。中国剑术之柔刚性与太极拳的柔刚性具有一致性。练习剑术与太极拳一样，通过长时间周身放松、拉长，用柔缓的动作在去僵求柔中练出先天自然之气（丹田之气），由这种内气导引下的太极剑术具有刚柔相济的特点。剑术之柔性和刚性密不可分，刚与柔是剑术的劲力法则，劲力的运用是形成剑术流派和风格的一种因素。有柔有刚主要是指在剑术中刚柔动作的交替变化，由此表现出锐利的攻势和洒脱的风采。刚柔兼备是指在一个太极剑动作中或刚中含柔，或柔中寓刚。"剑如飞凤"四个字形象地说明了太极剑刚柔相济的特点，即"劈、刺、撩、扫、绞、压、隔、缠、挂"等各种剑法演练，既充分地突出了技击之刚性力量，又蕴含了优美的轻巧松柔魅力。剑需"逢坚避刃""遇隙削钢"，需用周身柔顺之劲，勿用拙逆之力，要依靠其身法的灵活转换来衬托充实剑法的动作。练剑强调"身如游龙，剑如吐芯"，习练者必须通过身法的屈伸开合、拧转吞吐、俯仰折翻等变化达到以身运剑，身剑融为一体。练好身法，腰部的变化和运用是其关键所在。武术的灵敏、快速，以及力量的爆发，和腿、腰、臂的柔韧性以及内脏呼吸的调节有着密切的关系，腰、腿的柔韧性和灵活性加强了，拳脚运动起来才能敏捷、快速、有力。剑术对柔韧性的要求就更高了。如果没有腰的柔韧，要想把剑练到如蛇一样曲身尾从，像风一样飞舞，是很难的。"剑长三尺，用锋一寸。"从这个剑的技击特点来看，短兵相交，一般要避免硬接硬架，以柔克刚，刚柔并济，剑术中云、撩、挂、抹等攻防招法的运用，多主宰于腰，因而腰椎的柔韧性不强，就达不到身法的灵活多变，进退自如。腰部的练习包括前俯、后仰、左旋、右转等，以及甩腰、吊腰、弹腰、揉腰等练习，使腰部坚韧有力，同时还要多结合上下肢和剑法运动的练习。

体会身法一定要依据动作的攻防法则，符合剑法的运用之道，切不可胡乱扭动，任意表现，否则将弄巧成拙。

⑤动作说明。预备势为身体正直，并步站立；左手持剑，手背朝前，右手握成剑指，手背朝上，两臂在体侧下垂，两肘微上提；眼向左平视。学练要点是上身微挺胸，收腹，两膝挺直，持剑时前臂与剑身要紧贴并垂直于地面。

压把穿指：第一，上身半面向右转，右脚向右上一步，呈右弓步，同时右手剑指从身体右侧经胸前屈肘上举，至左肩后向前方平伸指出，拇指一侧在上；眼视剑指。第二，上身右转，左手持剑由左侧直臂上举，经头部前上方向右侧画弧，至身前时，拇指一侧朝下做反臂平举，同时右手剑指屈肘收于右腰侧，手心朝上。第三，左脚向右脚并步；左手持剑随之下落，垂于身体左侧，同时右手剑指向右侧平伸指出，拇指一侧在上；眼视剑指。学练要点是动作连贯协调，眼随手动，两臂抡动画弧呈立圆。

转身平指：第一，上身左转，左脚向左上一步，呈左弓步；在左脚上步的同时，左手持剑屈肘经胸前向上、向前弧形绕环，平举于身体左侧。第二，左腿伸直站立，右脚向前并步；左手持剑随之从身前下落，垂于身体左侧，同时右手剑指屈肘沿右耳侧向前平伸指出，拇指一侧在上；眼视剑指。学练要点是身体重心前移时，右脚并步要轻灵。右手剑指向前指出时，肘要伸直，剑指尖稍高过肩。

弓步分指：第一，左手持剑由右手剑指上面向前平伸穿出，拇指一侧在下，右手剑指顺左臂下面屈肘收于左肩前，并且屈腕使手指朝上；上身右转，右脚向右侧跨步，呈右弓步；眼向左平视。第二，上身右转，右手剑指经身前向右侧平伸指出，拇指在上；眼视剑指。学练要点是呈右弓步时，左腿要挺直，两脚的全脚掌均着地。上身略向前倾，挺胸，塌腰。左手持剑伸平，左肩放松，两臂朝反方向伸展。

虚步接剑：右脚的前脚掌里扣，上身左转，重心落于右腿，左腿随之移回半步，呈左虚步，同时左手持剑向胸前屈肘，手心朝外；右手剑指也向胸前屈肘，手心朝里，准备接握左手之剑。眼视剑尖。学练要点是虚实分明，右脚跟不能掀起。两肘要平，剑尖朝前，剑身贴紧左小臂。

2.高校武术刀术的课程教学

随着体育学科领域的拓展和人们对传统文化重视程度的日益提升，刀术也作为一项新兴的运动项目步入了大众的视野，被越来越多的体育和武术爱好者所青睐。初级刀术是刀术中的入门科目，能够帮助初学者为更加复杂的刀法学习奠定扎实的基础，还能够以多样的形式和简易的方法培养初学者浓厚的学习兴趣。

（1）初级刀术教学的基本方法

在最初的讲解和练习中，目的主要在于让学生熟悉刀的结构和不同部位的作用，并更好地理解刀术的基础知识、持刀的方式和用刀的基本原则等。在教授初级刀术时，教师应先向学生展示实物，佐以详细的部位名称、部位结构和部位功能介绍，刀身有刃和背之分，持刀者在练习和实战中必须始终保持刀背和手臂内侧相贴。之后，教师要详细介绍持刀的基本方法，如左手抱刀法、右手握刀法等，确保学生在日后的练习中养成规范的用刀习惯，这不仅是出于练习提升的考虑，也是出于安全性的考虑。学生只有在熟悉器械固有形态和功能的前提下，才能规范练习，避免事故。完成了上述的一系列教学步骤后，师生就可以正式开始基本刀法的传授了。教师在向学生讲解、教授用刀的技术时，先让学生观察，认识刀的形制，因为不同的形制是不同刀术流派的基础。在武术的发展过程中，刀的技法相对于其他器械更加简单易学，并且威力巨大，历史上很多武术流派都有与刀相关的套路，其风格特点也跟随武术流派的不同产生着变化。总的来说，都包含着砍、撩、刺、截、拦、崩、斩、抹、带、缠裹等刀法。到了现代，我们所学习刀法的基本动作一般有抱刀、握刀、缠头刀、裹脑刀、劈刀、砍刀、扎刀、撩刀、藏刀等。这些内容基本上等于初级刀法的教学和练习内容，教师应妥善把握教学进度和课程内容，确保每节课上都给学生留出足够的强化训练时间，在夯实基础的前提下逐渐巩固、提高初级刀术学习者的水平。

（2）初级刀术训练的基本方法

①组合练习法。动作的连贯组合是刀术的关键，因此组合练习法是初级刀术教学和练习的基本方案，特别是一些常见刀术套路的动作要领（旋转扫刀、翻身劈刀、缠头箭弹以及仆布按刀等）。刀术练习不仅要求日积月累、熟能生巧，还讲求招式的配合和连贯。

②整套练习法。教师如果能保证动作规格化以及练习的成功率，可以重点分析并划定整套动作的节奏，指导学生合理分配体力。现代刀术的章法要求演示者

的动作动静结合、柔中带刚、速度适中，体现作为演示流程的刀术的流畅性、完整性。

③分段练习法。动作组合虽然是基本的练习方向，但为了确保学生动作的准确性，初级刀术的实际训练依然可以适当采用分段练习法。在划分动作时，教师应主要参考初级刀术的自然顺序和分段，秉持选择性、针对性等原则，有侧重点地练习每一个分解步骤，及时发现学生动作中的失误和不足之处，为初学者刀术练习指明方向。

第二节　高校武术散打教学

一、武术散打运动特征分析

（一）散打运动的时间特征

散打的基本规则非常简单，胜负评价标准是"给对方造成的损伤程度"。在规定的比赛时间内，运动员要凭借击中点数获胜，也就是尽可能比对手更多次击中对方，或者使对手无法还手，取得对战优势。目前，国内外通行的散打比赛的竞赛规则，一般都采用三局两胜制（除了特殊的商业性比赛或非官方小团体的对抗赛、娱乐赛等）。在一场比赛中，每局为3分钟，2分钟完全竞赛时间，1分钟中途休息，首先胜出2局的选手获得胜利（但优势胜利不算在内）。不过这完全是理论数据，按照相关统计数据，总对抗时间在实际的散打比赛中所占比例其实非常低，不到一半时长，反而是总间歇时间占了比赛的大部分。对抗总时长和对抗次数之间往往是成反比的关系，双方选手每次对抗的时间越持久，总对抗次数也会相应地下降，这也意味着比赛将会趋向更加激烈的方向。

一场散打比赛不仅要计入常规的对抗时间和中途休息时间，还有各种常见情况或意外状况的暂停时间，如每局中选手的倒地、起身、犯规、下台、先后倒地、强制读秒等，这些情况所用的暂停时间都在统计的考虑范围内，每局比赛时间大概需要3分钟。散打比赛中还会出现选手优势胜利、犯规或受伤等情况，这些状况下都需要中止比赛，因此比赛的总时长并不容易准确计算。如果遵循散打比赛的获胜规则，每场前两局同一选手获胜时直接判定胜出，不进行第三局比赛，则一场正式的散打比赛最短用时在 7（两局）分钟左右，如有第三局，则应在 11 分钟左右。另外，如果在三局比赛中出现平局，将会加赛一局，直到比出胜负为止，这样一场比赛的时间将超过 15 分钟。所以，散打每局比赛属于变速运动，大约 1/3 的时间做快速运动，2/3 的时间速度平稳，每场比赛属于间歇性（局间休息 1 分钟）的变速运动，比赛时间表现出区域集中性的特征——每场比赛所需时间主要集中在 7—11 分钟的时间区域内，分布在大于 1 秒的时间区域上。

（二）散打运动的空间特征

一般散打比赛擂台的规格是高 60 厘米、8 米见方，这个场地空间对于高强度的对抗性运动来说并不宽裕，在猛烈的竞争和对打过程中，运动员被从擂台打落是很正常的情况，更有甚者会因失去平衡或无意识等自己跌落擂台。所以，运动员不仅要有强劲凌厉的出击招式，移动也应当敏捷迅速，在防守时及时发现对手的动机，以果断敏锐的方式阻挡攻击。运动员需总结擂台实战经验，为自己制定全方位、可应用于多种比赛场合的战术，因为真实比赛中的战机是稍纵即逝的，只有做好充分的准备，才能及时把握节点，化解对手的打击，并予以精准的回击。从运动规律和实战特点来看，散打运动员的运动转移规律能够比较直观地反映散打运动的空间特征。

平衡和防守是运动员保持优势的基础，在比赛进行过程中，不能只出于进攻取胜的考虑不断发起攻势，忽视了己方的防守，猛烈的攻击很可能意味着暴露破绽。所以，有经验的散打运动员在后退防守时，采用弧线路程平稳后退，谨慎维持自己在擂台上的稳定站位和走位，这不仅有利于躲避对手的正面出击，还能够维持身体稳定，以免在无意识情况下被逼到擂台边缘，对自己的攻防产生不利影响，甚至不慎从擂台跌落。只有在这样的条件下，运动员才能把握空间距离和比赛节点，为自己争取合适的反击时机。

（三）散打运动的体能特征

1. 散打运动的供能特征

散打是格斗对抗性项目的一种，有一定的技能主导性，在实际比赛中为了保证公平，会按性别、年龄、体重等参赛者个人因素分级，另外参赛者必须始终保持进攻状态，比赛期间无进攻动作的对峙状态不能超过 8 秒，这样才能让参赛双方充分发挥自身的优势。在前述条件的影响下，现代散打比赛一般没有较长的中途休息时间，一场比赛中会出现多个回合，攻防频繁转换。可以看出，散打比赛在所有的竞技类项目中不仅强度偏大，用时也较短，然而它并不能完全算作爆发类项目，因为选手在对抗中不仅要经历速度力量型的对抗期，还有无进攻动作的非对抗期。总的来说，散打是一种变速运动，这决定了运动员需要采用无氧供能为主、有氧供能为辅的混合供能，将其作为主要运动供能方式。

从现实中的散打比赛情况来看，不管是运动员本人还是体育学者们，都难以精准定性分析完整赛程中的供能特点，原因是比赛的复杂多变性以及实验条件的局限性。通过分析散打的基本技术要领和动作特征等，不难发现每一位运动员在比赛中都有移动迅猛、回防及时、起动爆发力强、反击准确和击打力量凶狠强劲等动作特点，招式频率都以快和狠为主，需要用到的格斗动作只有具备足够的肌肉爆发力才能完成，这就意味着运动员必须在最短的用时（可能只有几秒钟）内使出最大的力量，这就必须借助 ATP-CP 系统（磷酸原系统）的供能作用，它是人体肌肉产生爆发力的关键系统，在人体尝试完成各种爆发性强的动作时，ATP-CP 系统是主要的能量供应来源，然而，对于 ATP-CP 系统的正常能量生成来说，散打比赛的总持续时间过长，每局比赛平均下来有 3 分钟左右，磷酸原的产出是无法满足这样的需求的。所以，散打运动不仅需要磷酸原系统提供大量的能量，还需要充分调用乳酸能系统的供能作用。如果按照在比赛中实际测量的血乳酸测量结果，有氧供能的占比依然很低，散打能量来源以无氧供能为主。总的来说，ATP-CP 系统依然是散打运动员无氧供能的主要形式。对于散打供能结构，目前的普遍看法是，乳酸能系统的运作几乎贯穿极量强度运动的始终，在开始阶段就会产生供能效应，当运动员进入对战状态 30 秒时，供能速率将达到极值。有测算结果显示，分别以 30 秒和 60 秒为时限，同样是极限运动，测量对象中散打运动员与 200 米跑运动员的个体乳酸域和血乳酸数值都非常近似。

2. 散打运动员的体形特征

理想的运动员体形应当体现结构决定功能论的原则，也就是说特定的整体结构承担相对应的功能，某种形态结构意味着某些制定机能活动。职业运动员每天都要参加训练和比赛，健康的体魄和结构合理的体形是最基本的物质条件。运动员能否顺利适应并长期参与某类竞技运动，一定程度上正是由其身体结构（或者说身体形态）所决定的，它是选手力量最直观的表现工具，也是潜在的竞技能力、身体机能的物质载体。格斗对抗性项群运动员虽然一般都要满足"身强力壮""人高马大"的标准，但是体态依然要保持匀称，将身高和体重的比例控制在合适的范围内。

我国有学者专门研究了国内杰出散打运动员的体能特征，并总结归纳了 29 项用来描述运动员体态、能力、身形的计算指标。在将优秀散打运动员的身体形态指标同一般运动员对比后，学者们得出了这样的结论：散打运动员的长度指标普遍大于普通运动员，四肢及躯干的比例相对均衡。从帕格休指数（人体学的一项派生指标，胸围／身高 ×100，用来反映人体横径与纵径之比例以及分析胸廓发育的程度，可以体现人的体格、体形特征等）、臂围指数等数据来看，优秀散打运动员的数据都超出一般的运动员，这说明他们的上臂横截面积超出常人，肌肉体积相当大（就是所谓的"上臂粗壮"），肌肉不仅强硬有力，且富于弹性，能在运动中比较自如地收缩。这不仅是为了出招有力，也是为了较好地抗击猛烈的物理打击，保护人体在训练和比赛中不受到过度损伤。另外，一名合格武术散打运动员的身体还应该具备一定的充实度，发育发达程度也要超出普通的运动员。

还有学者曾就男子散打运动员的体形特征展开研究，经初选指标和有关专家的经验筛选，制定了 20 项用以衡量运动员身体特征和发育水平的测试指标，不仅有常规的身高、胸围，还包括皮褶厚度等。按照该学者的研究结果，优秀散打运动员具备高大的身形，拥有修长的上肢和小腿。身体围度是衡量和筛选优秀散打运动员的首要身体形态特征。结果是散打运动员身体的不同部位看起来比常人（以及其他运动员）都更庞大，围度更宽，特别是上肢的围度和胸围，都比他人显得发达许多，武术散打运动员虽然要满足一定的体重要求，但体内脂肪含量不高，一般都将体脂率控制在理想范围内。

总而言之，理想的散打运动员要拥有高大、结实、粗壮的体形，整体结构比例足够匀称，各部分（尤其是上肢）围度较大，四肢和躯干修长，还要达到一定的肌肉指标，控制体脂含量，提升身体充实度。这些外在体形特征标准不仅是优秀运动员选拔的参考项目，也能够为教练员的日常训练提供基本的启示和指导。

3. 散打运动员的身体机能特征

身体机能是指人体各内脏器官（如心血管器官、呼吸器官、中枢神经系统等）的工作能力。它是人体承载运动负荷与强度的内在器官和系统，其功能的优劣直接决定了人体所能承受的负荷与强度极限。由于在运动训练中涉及的呼吸系统、神经系统以及内分泌系统的各种生理、生化指标没有心率测量那样简便，能够直接反映运动强度，所以在运动实践中，对心血管系统的研究较多，对其他器官系统的研究相对较少。

心血管系统功能的好坏，直接关系运动员在训练和比赛中所能承受的运动强度，是反映运动员运动能力的重要指标。对优秀散打运动员安静状态下某些血流动力学指标的测试表明，优秀散打运动员具有良好的冠状动脉循环、心肌收缩力，较低的心率和心肌耗氧量，心脏具有良好的做功储备能力，并且微循环指数略低于普通值，并有大动脉顺应性较好的特征，这是散打运动员心血管功能适应长期训练的结果。

散打比赛中最大心率百分比为 96% 左右，练习时应使心率保持在 180 次 / 分钟以上，间歇心率 120—140 次 / 分钟，以此间歇训练方可提高成绩，并建议用比赛心率值监测训练强度，用运动员的心率恢复来监测其疲劳程度。在我国优秀男子散打运动员体能特征的研究中，经过专家访谈和问卷调查选取了心率、肺活量、反应时、运动时 4 项身体机能指标进行了测试，经分析发现：优秀散打运动员在安静状态下的心率显著低于一般运动员，心力储备高；优秀男子散打运动员的肺活量显著高于一般运动员的肺活量，呼吸肌的力量和肺活量较大；优秀散打运动员反应时和运动时的均值都小于一般运动员，反应和动作速度快。

综上所述，散打运动员的身体机能特征可以概括为：心血管系统功能好，心力储备高；肺活量高，呼吸肌的力量大；神经系统灵敏，反应时差小，动作速度快。这些特征都很好地反映了武术散打的对抗格斗特征对身体各器官系统的要求，既要有良好的体能做基础，又要根据对手的动作做出快速准确的反应与行动。

此外，由于武术散打是一项集踢、打、摔和防守技术于一体的徒手对抗项目，身体对抗十分激烈，经过长期训练和比赛的优秀武术散打运动员在身体机能方面还具有以下特征：内脏器官的抗震性能好，可以抵抗身体摔倒时或受重击时对内脏器官造成的震荡和冲击力；应急能力的适应性强，表现在运动员一旦进入实战状态，血液中的血糖增加、血压升高、新陈代谢加快，身体应对各种刺激的能力增强；触觉加强，表现在与对手交手时，可以通过肢体接触感觉对手的进攻意图和发力方向；痛觉减退，表现在抗击打能力的增强，不仅能经受常人不能忍受的重创，且身体反应较小；前庭分析器的稳定性高，主要表现在快速地击打、移动以及受到重击或摔倒对方时对自己重心稳定的把握。

二、高校武术散打的课程目标

（一）高校武术散打课程目标的内容

在目标的确定方面，应结合散打项目特点和高校实际情况，注重培养学生对散打课程的兴趣，在发展一定格斗技能的基础上，使学生在身心和社会适应方面得到相应的发展。具体内容如下。

1. 运动参与目标

兴趣是最好的老师，是激发人们产生主动性、积极性的关键因素。大学生如对武术散打产生了兴趣，有利于提高他们参与活动的积极性，从而使其集中注意力，在运动的过程中产生愉悦的情绪，并磨炼意志品质，促进身心健康发展。因此，激发大学生的兴趣，让武术散打成为他们发自内心的需求，是散打课程的重要基础目标。此外，在散打课程目标中，还应确立学生散打运动锻炼习惯养成的目标，这也是促进学生养成终身体育健康意识的关键环节。

2. 运动技能目标

运动技能是运动参与者所必须掌握的。在武术散打中，主要包括基本动作、攻防技能以及运动中损伤的预防。武术散打作为一项高校体育课程，其主要以各种攻防技能练习为手段促进学生的身心发展。因此，武术散打的基本运动技能传授及其灵活运用是散打课程的主要技能目标，在这一目标中，要注意的是因其对抗性，潜在的伤害因素不可避免，预防运动过程中的损伤的注意事项不可忽略。同时，武术散打作为一项传统体育项目，其鲜明的民族特色以及深厚的武德文化底蕴具有重要的价值，其中武德所要求的礼仪规范，对大学生的品质形成具有重要作用，因此对武术散打基本礼仪规范的了解掌握也应作为课程技能目标之一。

3. 身心健康目标

促进身心健康是体育课程的终极目标。因此，应将促进大学生身心健康发展作为散打课程的终极目标。武术散打的动作相对复杂，对身体运动的协调性要求较高。学生通过武术散打练习，能够有效地提高自身身体素质；在心理方面，因其对抗性，能够有效地培养良好的心理素质和个性品质，使学生具有顽强的意志品质，积极的生活态度，顽强的拼搏精神，自信、自尊的良好个性。总之，武术散打特有的功能作用是其他运动所无法替代的。

4. 社会参与目标

武术散打的一个明显特征就是对抗性，正因为这一特性，武术散打对大学生竞争意识的培养具有良好效果。散打练习只有通过双人配合、相互合作才能实现散打战术、技能的提高。简言之，合作是散打练习的主要形式，这种形式对合作精神的培养起到重要作用。除此之外，散打练习需要在一定的武德及相关规范要求中进行，因此在散打教学中，要遵守相应的行为规范，这不仅可以使武术散打教学顺利开展，也为学生开展社会行为准则教育提供了基础，使大学生的组织纪律性以及尊师重道的良好意识在潜移默化中得到了加强。

（二）高校武术散打课程目标构建的依据

1. 依据《全国普通高等学校体育课程教学指导纲要》

2002 年，我国教育部印发了《全国普通高等学校体育课程教学指导纲要》，为全国的高校提供了体育课程设计的参考标准和制定依据。各教育部门在安排体育课程的目标时，应当首先明确体育课程的基本目标和建设需求。散打课程的目标设置也需要遵循这一原则，致力于维护学生身心的健康发展，以科学的体育课程引领当代大学生心理的健康成长。作为一项多人参与运动，散打可让学生在互相竞技、互相借鉴的过程中进行沟通交流，培养体育精神，以集体活动的方式增强学生的交际能力和社会适应能力。从目前的课程标准来看，高校散打课程的实施目标需要满足以下 5 个基本要求：学会基本的散打理论和技巧，能够将其应用在日常锻炼中；促进体质健康发展；使学生对散打运动产生充足的兴趣，乃至将其作为课余爱好，培养坚持散打练习的运动健身习惯；通过运动健身和课堂交流塑造学生积极的心理品质；以运动社交的方式提高学生的社会交流和适应能力，逐渐养成乐观开朗、锐意进取的精神品质和生活学习态度。

2.依据散打项目的特点

首先，对抗性是散打的本质特点，攻防矛盾是散打运动的内在矛盾，这些都决定了它以相互对抗的形式来表现。对抗活动首先表现在运动员运用一定的手段方法进攻对手时，必须以对方动作的转移为转移。为此，制定课程目标也应从本质特点出发，尤其在技能目标构建上要尽可能体现散打的对抗性特点。其次，民族性是散打的又一特点。作为一项民族体育项目，散打在技术上既和国际上其他搏击术有共同的地方，也有自己鲜明的特点，具有"远踢、近打、贴身摔"的鲜明特色。在制定目标时，要充分考虑民族性，如武德目标的构建、规则的构建等。最后，散打寓技击术于体育项目之中，体育性是散打的又一特点。目前，散打运动不仅在国内，而且在世界五大洲的许多国家和地区都有开展和普及，这显然与它体育性的特点和作用密不可分。散打的特点较好地符合了时代的要求，也是制定课程目标时的重要依据之一。

3.依据大学生身心发展的特点

当今，大学生的身心除了有许多共同特点外，也有他们自己的一些独特性。在体育上，他们不仅关注体育的健身作用，且更注重体育在娱乐、休闲、交往、竞技等方面的功能。在大学阶段，学生身体的正常发育已基本完成，身体机能水平较高，具备了从事各项运动的条件，是全面发展体能、强健体格的阶段。就心理而言，大学生的心理发展也趋向成熟，同时他们对体育的心理需求也趋向多元化和理性化，但在心理上也有一定缺陷，如缺乏一定自制力、意志等。学生是学校体育课程的主体，是课程的直接对象，因此只有充分考虑到学生的特点，才能制定出符合实际的课程目标。

三、高校武术散打的课程内容

散打课程内容是实施散打教学活动的有效载体，根据其确定的目标，可将内容设置成如下几方面。

（一）高校武术散打课程的理论内容

理论知识对实践起着重要的指导作用，如何确保大学生对武术散打的本质有深刻认识，提高散打课程的实施效果，熟练掌握运动技能乃至产生对散打的正确认识，都取决于科学合理的理论知识。因此，对于武术散打课程的理论内容设置在课程开发过程中必须予以重视，通过对散打理论现有研究成果的借鉴，结合高校和大学生的实际，可将内容设置为四大块：一是散打概述；二是竞赛相关知识；三是散打技术相关知识；四是运动损伤相关知识。其中，在散打概述中，主要涉及概念、发展简况、作用以及特点等，通过对基本内容的介绍传授，学生能对散打有一个清晰、准确的认识和理解。此外，散打作为一项竞技项目，对其竞赛的基本规则，如进攻、防守、得分要领等有必要了解。因其对抗性，难免有一些安全隐患，因此学习如何预防运动中的损伤也是必不可少的。任何一项运动，都有其技术性，对此有所理解是人们更好地学习的前提，武术散打技术基本知识的了解学习是实施武术练习的必要基础。

（二）高校武术散打课程的技术内容

武术散打因其自身特性，课程体现的是一门操作性、实践性都较强的体育课程，这就决定了科学合理的技术内容是提升课程内容质量的关键。对散打技术内容的设置成了散打课程开发整合的难点和重点，同时技术内容的合适与否也直接关系着散打课程教学目标的顺利达成。基于此，武术散打技术内容应在结合高校和大学生实际的基础上，系统整合现有要点，在保持原有的项目特点下，做适当筛选，使之成为适合大学生身心发展的运动项目。在技术上，按照攻防特性可将其技术内容划分为防守和进攻两大类，进攻类技术是指在对抗中运用各种方法击打对方的技术；防守技术是指在对抗中运用各种手段保护自己不被打击、少被打击或免受打击的方法。其中，基本步法和实战姿势是技术运用的手段、方式，不管是防守技术的运用还是进攻技术的运用都与步伐的调整、基本格斗式分不开。对进攻技术而言，可按照其体势表现特点划分为腿法、拳法以及摔法三种；防守技术可按照其表现特点划分为接触式与非接触式两种。准确、巧妙地防守，不仅能有效保护自己，还可更好地创造进攻条件。防守技术中的接触防守，即通过对对方的防守达到化解对手攻击的目的，主要包括格挡、抄抱、阻挡等；闪躲防守（或称非接触防守），即通过身体姿势的变化或位置的移动达到防守的目的。

（三）高校武术散打课程的开设方式及学时分配

武术散打课程可以首先面向大学三年级以上学生开设选修课，在武术散打课程开展较为成熟的高校也可作为一门必修课程。在学时分配上，可按照目前高校一般 1 学分 16—20 学时原则，对散打课程开设 16—20 学时，各高校也可以按照高校现有师资、设施及大学生选课实际情况等适当调整。

四、高校武术散打课程的学习考核

学习考核作为武术散打课程效果测评的方式之一，是发现教学和学习中存在的问题的有效手段。科学合理的考核评价对提高学生学习散打的主动性和积极性起着至关重要的作用。因此，在考核内容上，一定要坚持科学、合理、客观公正原则，结合课程目标来制定。从上述武术散打课程目标的确定来看，主要体现在 5 个水平领域，与此相对应，对学生课程学习的考核也应包括 5 个方面。

第一，大学生对武术散打的兴趣和散打练习的习惯。

第二，大学生对武术散打的基本技能掌握及应用情况。

第三，大学生练习前后个性和心理品质发展状况。

第四，大学生练习前后的身体健康发展状况。

第五，大学生的社会适应能力较之前的状况。

对于上述内容，也可以通过技能评定和大学生武德来评价。在考核方法上，必须结合主观评价和客观评价，因为对于武术散打课程的学习，有些内容知识是无法量化的，如心理品质、态度等，对于可量化的部分内容应尽可能地做到量化，以确保科学合理性，如技能的掌握和运用、行为规范的遵守等。

总之，在对高校大学武术散打课程学习情况进行考核时，必须在课程目标导向下制定一套定量与定性相结合，全面衡量学生学习水平的评价体系，以对个体学生的技能、武德等做出全面评价，同时还要采用多元内容评价，注意学生的自我评价。散打课程不仅是技能的传授，更是对学生道德品质、心理素质、社会适应能力等方面的全面培养，因此对高校学生散打课程学习的评价内容也应该是多元的。在对课程学习情况进行评价的时候不仅要有教师的参与，也要重视学生的自我评价和相互评价，注重学生对自己的运动技能、武德等方面的自我评定，注重学生之间的相互评定。

五、高校武术散打课程的影响因素

（一）教师是教学的主导因素

武术散打教师是散打教学过程的基本因素，教师是教育目的的实现者，是武术散打技术、技能的传授者，也是整个教学过程的组织者，离开教师的活动，武术散打教学过程就不存在。教师应发挥主导作用，应具备高尚的思想品质，忠诚于人民教育事业和体育事业，这是对体育教师的基本要求，也是搞好工作的基础。教师只有热爱自己的本职工作，才能一心扑在教学上，一个对自己工作缺乏认识和热情的人，工作会失去动力，就不会有主动性和积极性，也不可能在教学中发挥主导作用。

教师是教育工作者，作为教育者，教师的一切言行都要成为学生的表率。教师在仪表、作风上都要严格要求自己，以身作则，以更好地在教学中发挥主导作用。

此外，作为武术散打教师，还要具备专业的基础知识、扎实的基本技术和技能，这是发挥主导作用的重要条件。教师要熟练地掌握武术散打教材的内容，不断学习新理论和技术，示范动作要正确熟练，还要能讲清原理，讲清楚生理解剖和生物力学的根据是什么，这样大学生就会从心底里佩服、尊重，使主导作用更好地得以发挥。

武术散打教师要有较强的教学能力，一个武术散打教师如果教学能力很差，就不可能发挥其业务水平，更谈不上发挥主导作用。教学能力包括组织能力、语言表达能力、示范能力、观察分析能力、应变能力、运用现代教学手段的能力等。

（二）学生是学习的主体因素

学生在教学过程中既是教育的对象，又是学生的主体。学生的主要任务是学习，学习是一个能动过程，在这一过程中学生对知识和技术的掌握都要靠自己的努力，学生主观上是否刻苦奋进、坚持不懈，是学习质量的决定因素，因此在教学过程中要充分调动学生的内在因素，提高学生学习的主动性和积极性，这是取得最佳学习效果的关键，也是衡量教师主导作用发挥得如何的标志。武术散打是对抗性很强的竞技项目，在大学生中很受欢迎，报名学习的学生都对武术散打有一定的兴趣,因此他们学习的积极性很高,很多学生在课外练习时主动要求教师辅导,有的还要通过有关书籍和录像光盘加深对该项目的认识,当然他们在课上学习的主动性、积极性就更高了。

生动活泼、启发式的教学内容和方法可以吸引学生,激发他们的兴趣和学习热情,如教师生动地讲解以及熟练优美的示范动作,可以激发学生跃跃欲试的情绪;经常采用游戏和竞赛法,可以提高学生的竞争力,使他们津津有味,乐不知疲地练习;让实力相当的学生配对竞技,可以调动学生学习的积极性,提高教学效果。

教师应从学生的实际出发进行教学,一方面要适应学生的体育基础和接受能力,另一方面要照顾学生的个性特点和个体差异,这样才能调动学生的积极性。当代教育理论已从以知识传授为中心转移到以能力培养为中心,特别是大学生教育更是如此,武术散打教学也不例外,要培养学生自我锻炼的能力、自我保健的能力,达到终身锻炼、终身受益的效果。

(三)教材是教学的依据因素

在武术散打的教学过程中,教师和学生以教材为"中介",教材是教学的依据,也是检查教学质量的标准,体育教材要符合科学性,教材科学性是教学过程科学性的前提,是衡量教学质量的重要标准。教材科学性主要表现在是否符合青少年身体全面协调发展的准则。

六、武术散打课程教学策略

(一)加强武术散打的理论教学

高校开设武术散打课程,相比于专业的武术院校,在教学目标上要有所侧重,应放大武术散打运动的文化内涵及价值追求,弱化武术散打运动的竞技性,使学生能够从武术散打课程中实现身体素质的提升。在武术散打课程的教学目标设置上,普通高校可根据自身的实际情况及教学特色,吸收借鉴本区域的文化元素,对武术散打课程教学目标进行细化,使武术散打教学更具灵活性和变通性。针对学生对武术散打课程内涵的理解较为模糊的问题,教师可借助体育文化及武术道德的讲解及串联,让学生深刻体会武术散打的文化内涵,端正其学习态度。

（二）提高硬件设施的配置水平，推广实施武术段位制

首先，作为普通高校的教学管理者而言，在设置武术散打课程时，不能盲目跟风，要对武术散打课程加以全面认识，明白武术散打课程硬件设施资源对武术散打课程教学效率及教学安全性的作用，在明确武术散打课程的教学条件及要求后，通过划拨教学资金及专项经费，对本校武术散打课程的硬件设施进行补充完善，提高武术散打教学的实效性和安全性。其次，高校武术散打教学在内容上涉及众多环节，繁多的教学内容增加了教学难度，高校可探索实施武术段位制，针对性地进行拳法、摔法、散打、防身术、腿法等教学内容的设计，在各部分内容的逐级贯穿中，使学生由易到难、由简到繁地完成武术散打教学内容的学习。

（三）完善教学模式，重视教师队伍建设

在普通高校武术散打教学模式上，原有的过于单一化的注重竞技格斗的教学方法，无法适应教育改革背景下高校体育教学的发展要求，这就需要普通高校对武术散打教学模式加以改进及完善，明确学生的学习主体地位，开展个性化教学。在普通高校武术散打教学模式的构建上，普通高校应本着提高学生身体素质及性格个性培养的原则和目标，合理分配武术散打课程的理论教学及实践教学的比重，并对武术散打的训练及竞技规则加以改进，以保障学生参与竞技训练的安全性。在普通高校武术散打课程教师队伍建设上，要着眼于提高教师队伍的武术散打理论素养及实践技能。通过教学比武及后续培训的方式，普通高校武术散打教师能够不断提高其教学能力，为高校武术散打课程教学质量的提升做好保障。

（四）针对性实施武术散打教学方法

对于初学者来说，在实战中运用好拳法和腿法以及做到拳腿的结合难度较大。必须经过反复刻苦的训练以至达到纯熟的技巧，但这并不代表在实战中就能真正运用好它，因为拳法和腿法以及拳腿的组合的运用在实战中千变万化，即散打战略战术思想是灵活多变的，而非固定模式。练习者的长处如果不加以巩固，随着时间的推移，长处和优点也会被岁月磨得毫无痕迹。当一位初学者不怕挨打时，散打水平也就更上一层楼了。

在散打实战过程中，面对对手要有一个良好的心态，也就是我们所说的对抗心理素质。如何拥有良好的对抗心理素质呢？我们在日常实战中，开始之前都要

调整自己的心态，缓解心理压力。冷静的头脑是制胜的关键，良好的心理素质不是一朝一夕就可以养成的，而是需要长时间的磨炼。当第一次与人对战时往往会出现紧张情绪，那么应该如何克服呢？首先不要慌张，冷静思考，不怕失败，在整个过程中，只要动作稳健，心态良好就可以说已成功了一半，其余的就要靠大量的经验积累了，可见一个良好的对战心理素质有多么重要。

散打运动员需要有较好的身体素质。练好散打的一个前提是有良好的身体机能，即体能、抗打击力等都要比较强。因此想练好散打，就要坚持锻炼身体，如经常跑步、练习俯卧撑等。努力把身体练强壮，才能更快、更好地掌握散打。

散打运动员应练好散打基本功。掌握正确的动作要领，然后采取反复练习的方法。在刚开始练习时应采取分解练习的方法，不刻意要求动作力量和速度，重点体会动作原理和动作路线，在形成正确的动力定型后逐渐加快速度，完成整套动作练习。多做打靶练习。打靶练习分为打固定靶练习和打活动靶练习，打固定靶练习的目的是增强动作力度和耐力，打活动靶主要是提高反应速度、距离感和准确度。

学习者要经常向高手切磋请教。当散打练到一定程度，要主动请高手切磋指教，这样能发现自己的不足之处，只有不断改进，虚心学习，散打水平才能上到一个新台阶。要循序渐进练散打，不能急于求成。学完一个阶段再巩固巩固，然后进行新的学习。

散打实战中技巧与战术要有机地结合。散打运动员要具有敏捷准确的判断力，且善于发现对手的破绽并能及时反击进攻，了解自己的优势，以己之长，克彼之短，牵制对手，最终获胜。针对不同的对手善于运用不同的攻击技巧，如直接进攻、突袭攻击、组合进攻、防守反击；也可以通过调整与对手间的距离、角度和位置等手段，有效地组织进攻与防守，掌握实战中的主动权。所以运动员应具备各种战术运用的能力。散打实战中速度的快慢可以反映出对战双方的优劣势，速度包含进攻速度、防守速度、反应速度，这些在实战中至关重要，但需要技巧的配合。

（五）运用"教学实战"

1. 应用"教学实战"的作用

（1）全面提升散打教师的专业水平和业务能力

散打运动的技巧性很强，包括近打、远踢、单招和组合等，其区别于其他类似运动的最为显著的特征依然在于对抗性，参与双方的投入程度都比较高。所以，散打和其他运动相比，危险性可能更高，运动员在参与过程中随时面临受伤的风险。面对这种情况，散打教师应该具备足够扎实的基本功和应对突发状况的能力，兼具理论教学和实战教学能力，另外还应具备一定的医疗常识。

对于日常性质的教学活动，教师应当及时了解每一位学生的体能素质、学习心态以及技能练习情况，按照学生的实际情况有计划地安排教学和课程进度，遵循简单明了、帮助学生提升技巧的攻防转换原则，针对学生的掌握程度和学习愿望等设计练习内容。具体来说，教师引导学生练习腿法时，不仅要教授常规的屈伸性腿法、直摆性腿法、扫转性腿法等，还可加入踢沙袋、踢木桩、站桩、绑沙袋和跳沙坑等传统练习方法，锻炼学生腿部肌肉，提升动作灵活度；在模仿标准动作和练习基本技术（特别是转身和蹬腿的配合）时，不必急于求成，可先让学生以慢动作完成练习，分解动作步骤、把握技术要领，之后再逐渐从慢到快，反复练习以提高熟练度，逐步掌握保持平衡的技巧、收腿后的平衡性恢复。学生看镜子练习是一个比较理想的方式，有助于及时发现动作中的失误和不到位的问题。有些时候可让同学作为助手，观察搭档转身后蹬腿的技术特点，帮助其指出错误并加以改正，同时也为自己的动作提供借鉴，熟悉后再和拳法、步法等技术一起练习；压腿、压胯、转胯训练等都可以加入辅助训练；如果条件允许，教师应鼓励学生尝试通过肩扛杠铃的方式训练转腰技巧，增强转腰时的腰部力量。此外，教师可以引导学生尝试掌握一些偏重临场发挥的技巧，如借助步法将对方诱入自己的进攻范围，用假动作、假拳法、腿法掩护自己的真实目的，针对不同的场合掌握防守反击、主动进攻的时机，破解转身后蹬腿的进攻，或者掌握好转身后蹬腿的有效攻击距离。

实用的对抗技能都有较强的现实场合针对性，既能引导学生在散打课堂上逐渐养成自我分析、自我调整的习惯，又能充分激发学生学习的主动性，帮助学生积累实战的经验。

教师要在确保学生充分掌握教学内容的前提下，尽可能采用安全的教学和练习方法，将损伤风险控制在最低限度内。一旦学生在散打实战中有运动损伤等情况，应及时止损并指导就医，确保课程的安全性。教师专门提升专业技能与医疗常识，有助于提升课堂教学效果、教学设计能力、课堂组织管理能力等。

（2）培养学生的学习兴趣

我国体育教学正迎来改革的浪潮，无论是教学理念还是教学目标都有明显的深化趋势。体育教师应当顺应改革的要求，丰富教学手段、革新教学内容、重建课堂体系，这一点在散打教学中也有对应的体现。传统的散打授课方式已经不再适用于体育教学改革背景下的体育课堂，仅传授技能和技术组合的授课方式，既不能有效激发学生的学习兴趣，也无法让其真正夯实散打基础，体现"终身体育"的理念。因为教师单方面传授技能、考核技能的方式有很高的重复性，容易使学生感到枯燥，对所教内容没有兴趣可言，更没有学习效率可言。要想改变这样的现状、激活学生学习的主动性和热情，教师应当从散打的现实性质和意义入手。散打作为一种现代体育项目，具有很强的格斗对抗性，学生通过自身不断练习，在教学实战中把所学技能运用到实战中（如化解对手攻势、进攻中击倒对手），势必会增强学生的自信心和成就感，从而激发他们主动学习的热情，进而投入练习当中，无形中就提高了学习效率。

2. 应用"教学实战"的要点

（1）开展条件限制实战练习

所谓条件限制实战练习，是指教师为使学生掌握某些技术技能，在教学实战中对某些技术的使用提出限制，降低教学实战难度，以便提高学生在实战中运用技战术的水平，更快地适应教学实战情境。散打教学基本技术，分为拳法、腿法、摔法等动作。教学实战前，学生应掌握基本技术。教师要有目的地开展条件限制性实践练习，循序渐进地让学生适应教学实战的节奏。这种"以赛代练、以练促赛"的学习模式，能有效地提高学生自主学习的积极性，增强学生在教学实战中的自信心。

（2）将"教学实战"纳入课程考核中

目前，高校散打课程教学主要以散打基本组合技术为主，课程考核本身是为了实现教学目的和检测学生学习成果。在实践教学过程中，学生出于修学分的考虑，将学习的侧重点放在了考核组合技术上，按照要考核的动作，重复练习多次应付考试，无从谈起实践运用。高校散打课程教学考核的侧重点，不应仅是掌握技术技能，而应更多地从实践运用方面考虑。为提高学生对教学实战环节的重视，要把教学实战纳入课程学习和课程考核中，提高其分数比重，依照学生教学实战中的技术运用表现进行评分，促使学生综合素质不断提高。

第三节　高校传统养生功法教学

一、传统养生功法的分类

（一）八段锦

1. 八段锦的发展脉络

健身气功八段锦作为我国传统的健身功法，具有悠久的历史，融合了中医的阴阳五行、经络学说，不仅具有锻炼平衡能力、防病治病、纠正形体等作用，且有针对性强、适用面广等特色，是动静结合、身心互动、健患均益的健身方法。关于八段锦的起源一直众说纷纭。主流观点认为，八段锦起源于宋代。马王堆出土的导引图，因图中有五个动作与八段锦动作相似，故有八段锦起源于汉代之说。亦曾有学者提出，八段锦源于晋代。

八段锦之名，最早出现在南宋洪迈所著的《夷坚志》。

八段锦在明清时代有了很大的发展，形成了很多流派，分有坐八段、立八段。立八段又有文武、南北之别。此外，还出现了在八段锦基础之上衍生发展的十二段锦、十六段锦功法。

中华人民共和国成立后，国家对传统体育功法非常重视，对传统八段锦进行了挖掘整理，习练八段锦功法的群众逐年增多。1957年，人民体育出版社出版了内容通俗易懂的《八段锦》一书，对八段锦在现代的推广起到了积极的推动作用。2003年，国家体育总局健身气功管理中心规范了健身气功八段锦的功法及歌诀，所整理改编的《健身气功·八段锦》对八段锦的传播推广起到了重要作用。

长期的实践活动证明，八段锦功法在治病防病方面行之有效。其动作简单易学，形态优美，对场地设备等硬件设施要求较低，适合广大人民群众练习。

2. 八段锦功法特点

因八段锦功法入门简单、好上手、节奏温和、锻炼效果佳，越来越多的人开始加入练习队伍。比起跑步、游泳、打羽毛球等运动形式，它不易受时间地点的限制，是大众易长期坚持的一种运动形式。八段锦功法强调"意、气、形"的配合，做八段锦整套动作的同时再增添合理的呼吸方法，将会使练习者气血充润，动作更加饱满，收到事半功倍的效果。

在人体中"肺"是气体交换的场所，胸廓节律性扩大与缩小称为呼吸运动。以肋间肌舒缩为主所进行的呼吸运动称为胸式呼吸，以膈肌舒缩为主所进行的呼吸运动称为腹式呼吸。吸气时膈肌上升凹腹隆胸，呼气时膈肌下降凸腹陷胸的呼吸形式称为逆呼吸。八段锦的呼吸形式是根据它自身的运动项目特点及动作技术要求来决定的。练习八段锦时大多采用逆呼吸的形式，这是因为八段锦由提升、展体、下降动作组成，如果提升、下降、伸展采用腹式呼吸和胸式呼吸的话，就无法将身体拉长、提升、下降、伸展，反而使身体下沉或者上浮等。在八段锦练习中，个别动作提拉到极点时还要穿插一些暂时性闭气。行功时还要做到用鼻子呼吸，也可采用鼻吸口呼的形式，做到细、长、匀、深。

八段锦上手容易、强度可调节，相比其他运动，可以用更小的体力代价实现有效锻炼。八段锦以人体脊柱为中心，动作具有左右对称、前后协调、上下协同的操作技巧。虽然是轻量化的康复运动，但八段锦对锻炼平衡力、改善呼吸功能、增肌、正筋骨等都有帮助。

快节奏的生活让成年人每天忙碌不已，强烈的时间紧迫感、竞争的焦灼感，让人难以松弛，每天神经紧绷。八段锦自带松弛感，有助解压、稳定情绪，也是让心情回归宁静的好方法。日常生活中，无论是在家还是在外，只需寻找一块空地，就可以根据自身情况单独练习相应功法。由于本套功法"贵养、尚气、法柔"，习练之时动作让人感觉如丝锦般柔和秀美，古人将这套功法比喻为"锦"。

八段锦的这一名称还有更多的含义：国家体育总局健身气功管理中心编写的《健身气功·八段锦》认为八段锦的"八"字，不是单指段、节和八个动作，而是表示其功法有多种要素，互相制约，相互联系，循环运转。"锦"字由"金""帛"组成，以表示华贵。除此之外，"锦"字还可以理解为单个导引术式的汇集，如丝锦那样连续不断，是一套完整的健身功法。

中医保健运动八段锦属中低强度有氧运动，包括站式八段锦和坐式八段锦两种，具有动作简单、运动量适宜的优势。八段锦对神经有一定刺激作用，能调节机体血液循环，改善心肺能力，还可缓解患者的紧张、压抑等情绪，让患者保持舒适的心理状态，增大肺通气量，让大脑皮层和交感神经处于兴奋状态。

3. 八段锦习练要领

（1）松静自然

习练八段锦的基本要领和最根本的法则便是松静自然。松，是放松精神和形体。精神上的放松，是指消除身体和内心的紧张之感；形体上的放松，主要是对关节、肌肉和脏腑进行放松。放松的过程是从内到外、由浅入深的，使呼吸、形体及意念变得轻松舒适，解除紧张状态。静，是要求摒弃内心杂念，使思想和情绪变得平稳安宁。放松和入静是缺一不可的，放松可以帮助入静，同时入静也能促进放松，二者相辅相成。自然，是指呼吸、形体和意念都要顺其自然。形体自然，要求合于法，一动一势皆须规范准确；呼吸自然，强调莫忘莫助，不要强行呼吸；意念自然，要"似守非守，绵绵若存"，否则会引起滞气淤血，造成精神紧张。需要注意的是，这里强调的"自然"是指"道法自然"，而不是"听其自然""任其自然"，需要习练者在习练中用心感受，逐渐掌握。

（2）准确灵活

准确，指的是在习练时姿势和方法都要准确，符合规范。在习练的初期，习练者首先要锻炼基本身形。八段锦的基本身形只需通过功法的预备势进行站桩练习，不同人群可以根据个人的身体情况调整站桩的时长和强度。在站桩时，要求身体各个部位都要符合要求要领，忍受锻炼带来的身体上的不良反应，为放松入静提供良好条件，也为之后的动作学习打下坚实的基础。在正式习练动作时，要能做到清楚地分辨动作路线、角度方位、动作的虚实和松紧，姿势和方法都要准确合规。灵活，指的是不同的群体要根据自身实际情况，在习练过程中灵活调整呼吸、动作幅度、姿势、用力程度、学习数量和意念运用等，老年人和体质较弱的群体需特别注意。

（3）练养相兼

练是锻炼形体的过程。养是指经过上述习练使身体保持轻松、呼吸平稳的状态。习练八段锦时，不仅要求姿势规整、方法正确，还要考虑自身的实际情况，对姿势和用力大小进行调整，不必急于一时，较为困难的动作可以慢慢学习。学习动作时可以先自由呼吸，动作掌握之后再对呼吸进行调整，有意识地结合动作去调整呼吸，最终达到"不调而自调"。在运用意念时，初期主要做到动作工整、合乎规范，后期再根据"似守非守，绵绵若存"的原则进行针对性的锻炼。练和养，二者相互依存，密不可分，在习练过程中要做到你中有我、我中有你。对习练时长、数量和强度要灵活调整，正确处理呼吸、意念、形体三者之间的关系。练养相兼和日常生活联系紧密，如果在日常生活中"饮食有节、起居有常"，心情舒畅，情绪积极乐观，那么在习练功法时也能事半功倍。

（4）循序渐进

对于初次接触功法的人群来说，八段锦的学习难易程度和习练强度都有一定的挑战性，所以在学习初期，习练者的首要任务是忍受习练所带来的关节肌肉酸痛、精神紧张、身体不协调等不良反应。在经过一定时日和数量的锻炼后，习练者才可以将动作做得较为规范连贯，对身体各方面的控制才会更加熟练。

在习练初期，习练者可先进行自然呼吸，在动作掌握后再对呼吸进行训练，这时可以采用腹式呼吸法。在习练者可以自如调整呼吸之后，就可以结合动作继续进行调整与配合，经过一段时间的锻炼之后，逐步达到"形""意""气"有机结合。在习练者身体情况和掌握情况不同的因素影响下，习练的效果也会有所差异，经过长时间的积累，才能看到好的效果。所以习练者不要急于一时，"三天打鱼，两天晒网"是不行的，应该做到坚持不懈、脚踏实地，按照自身情况逐步习练，唯有如此才能得到良好的效果。

（二）五禽戏

五禽戏，又称"五禽操""五禽气功""百步汗戏"等，动作模拟五种动物的姿态，传说是由东汉医学家华佗编制的，在民间流传甚广，这种传统功法是我国流传时间最为久远的健身方法之一。1982 年 6 月 28 日，五禽戏被引入医学类大学作为"保健体育课"的内容之一。2003 年作为"健身气功"重新编排后在全国范围内推广。

传说中五禽戏是华佗根据熊、虎、猿、鹿、鸟的姿态编制的，具有强身健体、抵御疾病、延年益寿的功效，其实在汉代之前已经存在功效相似的功法了，所以华佗也可能只是对五禽戏进行了整理编排。这套功法最早被记载在南北朝陶弘景的《养性延命录》中，它是一种动静结合、刚柔并济、内外兼修，具有医疗效果的气功，由熊戏、虎戏、猿戏、鹿戏、鸟戏组成，习练时动作左右对称，模拟相应的动物姿态，结合动作调整呼吸。

1. 熊戏

双脚平行分开与肩同宽，手臂自然下垂，眼睛直视前方，自然站立。屈弯右膝，身体略微向右转动，同时向前下方晃动右肩，右臂随之下沉，左肩同时向外伸展，左臂微弯曲并抬起，然后屈弯左侧膝盖，其他动作与以上动作左右对称，按照以上描述往复晃动，不限定晃动次数。

2. 虎戏

双脚脚跟靠拢呈立正姿势，双臂自然下垂，双眼直视前方。

（1）左式

①两腿屈膝下蹲，重心缓慢移至右腿，左脚呈左虚步，脚掌点地再靠于右脚踝内侧，同时两掌握拳向上提至腰两侧，拳心向上，眼看左前方。

②左脚向左前方迈进一步，右脚随之跟进半步，重心置于右腿，左脚前掌虚步点地，同时两拳沿胸部上抬，拳心向后，抬至面前两拳相对，同时翻转变掌向前按出，高度与胸口齐平，掌心向前，两掌虎口相对，眼看左手。

（2）右式

①左脚向前迈出半步，右脚随之跟至左脚踝内侧，重心置于左腿，右脚掌虚步点地，两腿半屈，同时两掌变拳撤至腰两侧，拳心向上，眼看右前方。

②与左式动作相同，左右对称，方向相反。

按照上述描述反复左右虎扑，次数不限。

3. 猿戏

双脚脚跟靠拢呈立正姿势，双臂自然下垂，双眼直视前方。

（1）左式

①两腿屈膝，左脚向前迈出，同时左手沿胸前至面前向前探出作取物样，即将到达相应位置时，手掌拢成勾手，手腕呈自然下垂状态。

②右脚向前迈出，左脚随至右脚脚踝内侧，脚掌虚步点地，同时右手沿胸前至面前时向前探出作取物样，即将到达相应位置时，手掌拢成勾手，左手同时收至左肋下。

③左脚向后退步，右脚随之退至左脚脚踝内侧，脚掌虚步点地，同时左手沿胸前至面前向前探出作取物样，最终成为勾手，右手同时收回至右肋下。

（2）右式

右式与左式动作相同，方向相反，左右对称。

4.鹿戏

自然站立，双臂自然下垂，眼睛直视前方。

（1）左式

①右腿屈膝，身体向后坐，左腿前伸，左膝微屈，左脚虚点，左手前伸，左臂微屈，左手掌心向右，右手置于左肘内侧，右手掌心向左。

②两臂同时在身前以逆时针方向旋转，左手绕环幅度较大些，同时腰部、骶部逆时针方向旋转，再逐渐过渡到以腰部、骶部的旋转带动两臂的动作。

（2）右式

右式动作与左式相同，方向相反，旋转方向也顺逆不同。

5.鸟戏

自然站立，双脚平行，两臂自然下垂，双眼直视前方。

（1）左式

①左脚向前迈进一步，右脚随之跟进半步，脚尖虚点地，同时双臂缓慢从身前抬起，掌心向上，两臂向左右侧方同时举起，与肩同高，同时深吸气。

②右脚跟进与左脚相并，两臂从身侧下落，掌心向下，同时下蹲，两臂在膝下相交，掌心向上，同时深呼气。

（2）右式

右式与左式方向相反，动作相同。

五禽戏锻炼要做到身心放松，呼吸平稳。练熊戏时要在沉稳之中伴以灵动，表现出狂悍之性；练虎戏时要刚柔并济，表现出威猛的神态；练猿戏时要表现出灵敏迅捷之态；练鹿戏时要表现出恬淡稳健之态；练鸟戏时要表现出轻盈灵巧之势，这样才能做到形神具备。习练五禽戏可对腰肢关节、五脏六腑进行锻炼保健，对人体内脏健康大有裨益，有强身健体之效。

（三）易筋经

易筋经是一种适合不同年龄阶段和身体素质的群体习练的健身气功，如其中出爪亮翅一式就能锻炼胸背及上肢肌肉，改善呼吸系统问题。易筋经以导引、中医等学科知识为起点，参考传统易筋经的功法对架势、意念运用部位、呼吸调整进行革新，因而流传久远，深受广大人民群众的喜爱。

1. 易筋经锻炼对身体机能的影响

易筋经的特点是动作协调，形体、精神放松，意念集中，呼吸稳静，柔和舒展，重点在于使脊柱收张旋转，基于人体自身的状况使躯干、四肢的肌肉保持在一个特定的姿势，从而达到放松精神、消除紧张之感、调理体内组织系统运转的效果，使内在脏腑和外在肌肉筋骨都得到充分锻炼。

易筋经的特点使得它可供各种人群进行习练，男女老少皆可通过习练强身健体，由于在强筋健骨方面的显著成效，骨伤患者也可通过习练易筋经来恢复身体。易筋经可以使人体内部和外部都得到锻炼，内外平衡发展，使人体达到真正的强健。

2. 易筋经对不同年龄群的作用

①易筋经锻炼对高校大学生的作用。当今大学生面对着巨大的学业、人际关系压力，这些压力让部分大学生出现了失眠的情况，长时间睡眠不足又会造成记忆力下降、注意力不集中、抑郁消极等不良影响，更有甚者会因为压力过大自杀。易筋经整体上平稳柔和，易于习练，其对意念的锻炼可以转移习练者的注意力，屏蔽外界的负面影响，使内心平和舒缓，从而缓解压力过大带来的抑郁焦虑情绪，消除紧张紧绷之感，使心情舒畅欢快。

由此看出，在高校中推广健身气功习练是很有必要的，目前健身气功只在部分中医药类和体育类高等院校的某些特定学科专业开设，并未得到全面推广，教学没有全面展开。

②易筋经对中老年人群的作用功效。我国目前的人口老龄化问题十分突出，这个问题也将是我国 21 世纪人口发展的主要问题。作为我国古代最具代表性的健身气功——易筋经，其功法特点对老年人群体的身体素质和情绪精神大有益处。

首先，易筋经的动作对人体的肌肉筋膜和关节韧带等软组织能进行有效锻炼，有益于改善四肢血液循环，能提高人体神经对肌肉的调控能力，进而全面提高老年人的身体素质。

其次，习练易筋经对老年人心理状况的调节也大有裨益。易筋经的音乐韵律对老年人的情绪调节有较明显的积极影响，具体功效还需进一步考证。易筋经通过锻炼老年人的身体协调能力对身心健康进行全面调节，进而改善老年群体的精神状况。

易筋经植根于我国古代优秀传统文化，是中国古代人民智慧的结晶，它符合人体生理活动规律和我国各个年龄群体的身体情况和生活规律，具有丰富的内涵，集健身性、娱乐性、观赏性和民族性等多种特性于一体，因而源远流长，历史悠久。从古至今的实践已经证明，健身气功可以强身健体、提高身体素质、增强机体免疫力，使人体保持健康的状态。习练易筋经时，习练者要注意形体、呼吸和意念三者的有机结合，调整呼吸和意念，刚柔并济，虚实相兼，通过气、意、形的配合调节气血，使机体内部阴阳相衡、经脉疏通、脏腑强健，全身阳气固密、阴气平和。习练易筋经虽然对提高身体素质是大有好处的，但是习练者只有坚持不懈地锻炼，才能获得功法锻炼的最好效果，保持身体强健。

二、传统养生功法的课程教学要点

（一）八段锦的教学要点

1. 结合中医，掌握八段锦的养生作用

导引养生课——八段锦的功法是将中医经络学说、阴阳学说相结合得出的一套符合中医学科知识理论的功法，可以显著调整人体的中枢系统。习练八段锦也可以令人体的内分泌系统和神经系统更加平衡有序，习练者经过长期的习练，可以改善心理状态、疏通气血、协调脏腑、强身健体。

2. 结合八段锦的特点，掌握技术与动作的要领

（1）注重基础身形与动作要领

在八段锦的初期学习阶段，要抓好基本功与基本身形的练习。在基本上掌握八段锦的动作之后，重视动作的规范性和工整性，使动作变得准确流畅，姿势变得优美大方，做到刚柔并济、动静结合、稳健平和、神形相合、循序渐进，形成自己独特的风格特点。这个过程需要大量的锻炼积累，只有通过严格规范的习练，才能逐步提高自己的水平，得到更好的习练效果。

（2）注重呼吸的方式，调整呼吸的幅度

八段锦习练过程中用到的呼吸吐纳方式主要为提肛呼吸和腹式呼吸，吸气时

使膈肌上升，同时收腹提肛，将新鲜空气吸入体内；呼气时使膈肌下降，同时松肛松腹，将肺内的浊气吐出。通常情况下，呼吸的要求是蓄吸发呼、开吸合呼、起吸落呼，在动静练习等特定情况应闭气进行。由于不同人之间身体素质、呼吸习惯和习练功法时动作幅度的差异，在习练时习练者要根据实际情况灵活调整呼吸，习练初期先采用自然呼吸的方式，在将功法动作熟练掌握之后可以进行呼吸调整的锻炼，这期间应灵活变通，不应生搬硬套，呼吸不畅时应及时调整呼吸，呼吸要做到平缓均匀。自然呼吸是基本的呼吸方式，这种方式的调整功能对于习练非常重要，在习练过程中应注重自然呼吸的训练。

（3）达到三调合一，实现意与气合

三调是要调整意念、调整呼吸、调整身形，是习练中调整身心的必要内容和常见常用方法。气是生命之本源，八段锦的动作无时无刻不体现出天地之气的内在原则和运动规律。气的运动与人体相连相通的过程中，气往复循环于人体的七经八脉，人体中的气血周身运行，贯通上下，如环无端，气血与天地之气相融相合。八段锦是通过动作姿势对天地之气加以引导的独特功法，它对习练者的意念有着特别的要求。习练八段锦首先要做到松静自然，保持身心舒畅、平和自然，动作应做到悠然自得、流畅随顺、饱满圆柔、行云流水，以保持气血通畅、意气相合，想要达到这些效果关键就是要抱神以静，形以自正，身心全面放松，做到调心、调息、调身，三调合一，内心悠然空松，这样才能达到强身健体的效果。

（4）合理的运动强度与运动量

八段锦的习练总体来看运动强度不是很大。合理的习练一般为每周至少进行5次习练，每做1遍习练，时间一般大约为20分钟，功法的准备动作和最后的结尾动作加起来时间在10分钟左右，单次习练一般练习2遍，2遍之间的休息时间尽量在2分钟左右，因此单次练习总时长大约为50分钟。习练八段锦的运动量是有一定限度的，判断自己的运动量是否合理的衡量方法就是判断习练完成之后自身的感受，如果习练完成后感觉身心舒畅、呼吸平稳、心情愉悦，则说明此次运动的运动量是合理的；如果习练完成后感觉疲惫不堪、呼吸急促、食欲下降，则说明此次习练的运动量过大，需要习练者结合自身的身体素质和实际情况对习练的运动量进行调整，找到最适合自己的运动强度和运动量。

3. 丰富教学的方式方法，使学生积极地参与

八段锦是一种传统健身气功，教学过程很容易枯燥乏味，在教学过程中如果学生不感兴趣、没有积极性，那么教学的质量就会下降。所以在教学期间营造出一种轻松愉悦的教学氛围是很有必要的，学生学习的时候被调动起兴趣和积极性，教师的教学过程也会轻松许多，教学就会更顺利高效。这就要求教授八段锦的教师在课堂上以丰富多样的教学方式进行教学，使课堂氛围欢快轻松，让学生保持积极态度，这样学生才能更好地掌握学习内容。

（1）暗示教学法

在教学过程中，老师可以应用暗示教学法，在完成教学示范动作之后，要不停暗示学生，鼓励他们只要认真努力地习练学习，每个人都能很好地掌握八段锦。因为人类是有巨大的心理潜能的，通过一定的积极暗示和正确的教学方式，学生就能充分发挥出自身的生理潜能，对功法的掌握就能更加良好。例如，在教授摇头摆尾祛心火时，可以让学生分开双手，用两手代表头和尾，一手置于头顶，一手置于尾骨位置，通过两只手位置的暗示，让学生更好地理解和体会这部分的要领，感受头和尾的运动方向和轨迹，结合暗示和实际练习，让学生逐步学会头和尾的运动。

（2）心理调节法

心理调节法是要求习练者在习练过程中对意念进行调控运用的方法。在习练八段锦的过程中要运用思维对动作的要领和规范性、呼吸方式和身体各部位的运动过程进行意想。在习练八段锦的初期，习练者应把意念用于学习动作，将动作做得工整规范。

（3）完整教学与分解教学相结合

在八段锦的教学过程中，教师首先要让学生对功法形成一个整体认知，所以这时教师就要先为学生进行一遍完整准确的示范，通过优美流畅的动作让学生对八段锦产生欣赏的态度，在学生对功法形成完整感性的认知之后，教师再继续进行分解教学。分解教学的过程中，教师要尽量做到因材施教，根据每位学生的不同情况采用多样的教学方法，分段演示时动作要清晰明了，让学生清晰地看到运动方向和动作要领。这就要求教师要善于思考、善于学习、勤于练习，多为学生着想，让学生体验到习练八段锦的乐趣和功效。

（二）五禽戏的教学要点

1. 学习理论，了解五禽戏的健身作用

国家体育总局立足于现代医学、中医养生学、运动学、生物学、心理学、文化学和社会学等不同学科知识，以传统五禽戏的风格特征为基础，联合众多长期从事气功指导、武术健身、中医养生的专家，以推广健身气功在国内的发展为目标，对五禽戏进行了重新编创。新编创的这套功法取各家精华，内容科学丰富、动作简单易学，符合人体活动规律且效果显著，模拟了虎的威猛、鹿的恬淡、熊的稳健、猿的灵活、鸟的迅捷，再融合中医基础理论中的脏腑、经络知识，以腰部为中轴和基点，重点对脊柱进行锻炼，在模拟五禽习性神韵的同时，做到了意念和呼吸相合，内外兼修，具有强身健体、锻炼筋骨、延年益寿、防治疾病的功效。

2. 了解五禽戏的特点，掌握其技术要领

（1）形

形是指习练功法时的姿势。开始习练时，要使精神和身体各部位都达到舒适放松的状态，把身体放直，肩膀自然下垂，自然站立，放松肌肉，调整呼吸，保持这种状态进入习练状态。在开始习练动作后，模拟出五禽的神韵特点，根据习练招式调整姿势造型，做出符合动作含义的姿态，注意动作的轻重缓急和虚实高低，按照规范把动作做到位，以达到"引挽腰体，动诸关节，以求难老"的功效。

（2）神

神是指习练功法时习练者的神态和动作的神韵。习练功法时要做到"神"守于"中"，只有做到"唯神是守"，才能"形"全于"外"。习练虎戏要模仿虎的威猛，做出虎视眈眈之势；习练鹿戏要模仿鹿的恬淡舒展，做出轻捷自由之感；习练熊戏要模拟熊的沉稳刚直，做出憨厚稳健之韵；习练猿戏要模仿猿的灵巧敏捷，做出活泼灵活之态；习练鸟戏要模仿鹤的轻盈洒脱，做出昂首挺立之姿。

（3）意

意是指习练功法时的意念和意境。习练者开始习练时，不仅要模拟五禽的动作姿态，还要让自身的意念去模拟五禽，进入五禽的意境去模仿五禽的神韵，需要习练者静心凝神、摒除杂念，将意念集中于丹田处。习练虎戏时，想象自己是一只猛虎，在深山之中奔跑跳跃，追寻猎物；习练鹿戏时，想象自己是一只鹿，在原野上缓慢踱步，玩耍追逐；习练熊戏时，想象自己是一只熊，在山林中伸展肢体，自由漫步；习练猿戏时，想象自己是一只猿猴，在树木间游荡跳跃，摘取果实；习练鸟戏时，想象自己是一只鹤，在泉水边饮水伸展，展翅飞翔。做到意念、形体、呼吸三者合一，达到气血疏通、强筋健骨之效。

（4）气

气是指习练功法时对气息的调整。习练五禽戏时常用的呼吸方式有自然呼吸、提肛呼吸和腹式呼吸，习练者可根据自身身体素质情况和动作难度调整呼吸，找到适合自己的呼吸方式，在习练过程中有意识地根据动作变化调整选用，呼吸时要做到松静自然，把握好呼吸的"量"和"劲"，直到呼吸变得均匀平稳。

五禽戏在开始习练、结束习练和中间每一戏结束时都要静立站桩，以便于习练者保持平和放松的状态并进入五禽的意境，期间习练者可进行呼吸调整和精神放松。在习练五禽戏的过程中，要模仿五禽的动作神态，抻筋拔骨，舒展四肢，两戏之间的站桩期间要静心凝神，一动一静，交替进行，将锻炼与修养相结合，以得到更好的效果。

3.运用多种教学方法，激发学生学习积极性

（1）录像教学与演示教学相结合

当今时代，信息技术高速发展，在五禽戏教学时教师也要充分利用已有的先进设施和技术，将录像教学与演示教学相结合。在教授五禽戏时，可以先让学生反复观看录像，逐渐加深印象，遇到疑问和难点时，教师可以通过慢放重放让学生理解清楚。如果学校有摄像机等录像设备，还可以用摄像机记录学生的动作，再与教学录像进行对比，让学生找到自己的错误并改正，从而得到更显著的教学效果。

（2）互帮互学法

在教学中教师可以鼓励学生互相帮助、互相检查动作，由学生自己发现并改正用力方向、动作顺序和身体协调性方面的错误，由此来提高学生学习功法的效率，让学生更好地掌握和巩固功法的动作技术。

（3）集体示范和个性辅导相结合

在教学过程中学习新动作时，主要是由教师先示范，学生根据教师的示范进

行集体模仿，教师再针对学生模仿期间出现的问题进行个性化辅导，因材施教。

（4）结合民族音乐，激发学生的学习兴趣

习练五禽戏时必不可少的是简洁明了的口令和动作提示，但如果只有这些口令，那教学过程难免会枯燥无味，学生也会失去学习兴趣，所以学习完全套的基本动作之后，教师应选择一些舒缓且适合教学节奏的特色民族音乐来代替口令提示，让日常的五禽戏教学和练习更加放松，同时培养学生的乐感素质。将民族音乐渗透进五禽戏的教学中，可以让学生对民族音乐更好地欣赏和吸收，提高对五禽戏的学习积极性，激发热情和兴趣。

因此，在习练五禽戏的初期，习练者应当首先学习功法动作的姿势和运动轨迹方向，解决学习过程中的问题，跟随集体模仿和练习，只要做到"摇筋骨，动肢节"即可。在中期注重把握动作的细节，可将上肢动作和下肢动作分开练习，再以腰为轴进行整体的练习。到了学习的后期，习练者要将每个动作、每个戏都做规范、做熟练，在整体习练时要注意理解动作的神韵和意境，将呼吸、动作与意念、神韵相结合，以得到较为良好的学习效果和习练效果。

（三）易筋经的教学要点

易筋经"三段式"教学方法是根据基本的教学原理和易筋经实际教学经验，立足于大学生的心智特点和在大学体育课程中推广健身气功的目标提出的。根据实际教学效果，"三段式"教学可以提高学生的学习积极性和学习效率，避免在教学过程中学生出现枯燥乏味之感，更适合对大学生群体进行教学。这种教学方式具有一定的可行性，可以作为一种较好的参考模式在高校中推广。

1. 易筋经功法特点

易筋经的"易"是运动的意思，"筋"即人体的七经八脉，"经"是规范、标准之意。易筋经有下列功法特点。

（1）抻筋拔骨，伸展四肢

习练时通过"抻筋""拔骨"牵拉人体的各部分软组织，疏通气血，提高代谢，提高人体的身体素质，以获得强身健体的功效。

（2）舒展柔和，圆柔连续

易筋经作为一种变易筋骨的功法，在四肢与躯干之间，习练时的动作都相对舒缓轻柔，且柔畅对称。

（3）身心合一，呼吸平和

习练者在习练过程中要做到身心合一，精神和形体相结合，呼吸要自然流畅、柔和平稳，以帮助习练者放松身心。

（4）动静结合，虚实相兼

习练时要求动作刚柔并济、动静相间，刚与柔、动与静、虚与实不断结合转化。

学生对易筋经的认识不够全面准确，在不了解气功的情况下，很容易联想到一些非法气功导致内心感到排斥，且没有规范专业的指导，学生很容易出现习练效果不佳中途放弃的情况。因此，在易筋经导引养生教学时，首先就要完善学生对易筋经的认知情况。易筋经导引养生是一种相对来说舒缓安静的运动，大学生正处在活泼好动的年龄，会更加偏向于参与活动量大的运动项目，在习练易筋经时容易注意力不集中。在易筋经导引养生教学时，对大学生的教学要与对老年人群体的教学区别开来，大学生在习练过程中容易将功法视为体操或武术，因此不适宜从气功内涵的角度进行演示教学，要多从心理上加以诱导，根据学生的实际情况和特点采用不同的教学方式，让学生保持注意力集中，易筋经"三段式"教学模式正是可以达到这种效果的一种方法。

2.易筋经"三段式"的教学模式

（1）易筋经"三段式"教学模式的界定

易筋经"三段式"教学模式将功法教学根据功法特点和习练要领分为三个连续阶段。第一阶段为"操练化"阶段，是指将整体功法分为小节，再将各小节分为一到三个八拍，将缓慢连贯的易筋经功法变得更有节拍性。在教学过程中，教师为学生讲解示范的时候可以以徒手体操的方式进行，学生也可以用徒手体操的学习方式进行简便学习。第二阶段为"口令词"阶段，是指学生由徒手体操的机械动作阶段过渡到连贯缓慢的动作的引导过程，教师通过轻重缓急不同的口令对学生的动作加以引导，使学生的动作更加连贯流畅。第三阶段为"气功态"阶段，是指在教学过程中运用暗示方法，借助易筋经音乐和民族古典音乐对学生的习练进行诱导，也可让学生以自我暗示的方法习练。

（2）易筋经"三段式"教学模式的内涵

①阶梯式教学。在易筋经导引养生教学中将整个教学过程看作一个底部宽、

顶部窄的阶梯形，"三段式"中的"操练化"是整个教学过程的基础部分，教师在这个阶段需要注重学生动作的规范性，将动作的轨迹方向、常见错误、原理要领和相关的历史来源向学生介绍清楚，以节拍指导学生快速、规范、有效地学习动作，为之后的练习做好准备。阶梯的中间部分是"口令词"阶段，这个阶段是对"操练化"阶段的刺激反应加强阶段，是学生的动作从"操练化"阶段的生硬机械过渡到缓慢、轻柔的时期，使学生的学习效果提高。阶梯的顶端是"气功态"教学，在这个阶段，教师主要是借助古典的传统民族音乐对学生进行诱导，使学生进入易筋经轻缓、放松的气功态中。

②"操练化"学习。"操练化"学习就是将整套功法分解成小节、小拍的徒手体操练习，使动作变得简洁明了，方便学生记忆和规范练习，以此避免学生出现焦虑、厌倦、注意力下降等情况，使学生集中注意力，保持学习积极性。另外，由于易筋经动作具有连绵柔和、均匀缓慢、动静相间的特点，整套功法的演练时间较长，教学时长有限，造成教学紧张，学生的学习效果也会下降，采用"操练化""口令词"进行教学，可以避免这种情况的发生。教师可以通过控制口令提示的节奏来调整教学时间，使动作变得简洁清楚，这不仅可以有效节省教学时间，还可以提高学生的学习效率，使学生快速高效地掌握动作要领。

③音乐诱导。"操练化"和"口令词"教学虽然可以提高学生的学习效率，但是一味地用这两种方法教学很容易导致课堂氛围单调死板，如果加入音乐诱导方法，学生的积极性就可以被调动起来，使他们的心理得到放松。易筋经的音乐可以激发学生的学习兴趣，让学生的学习情绪保持高昂，有利于学生对功法的掌握，也可以使学生从"口令词"导引状态转变为平静、松弛的气功状态。音乐诱导的方法不能过度使用，它只是一种帮助学生进入气功状态的工具，音乐诱导的只是习练功法时的外部环境，学生内在的心理并没有得到真正的放松，学生必须进行自我暗示的独立练习，摆脱对音乐诱导的依赖，以此凭借自身真正地进入身心放松的气功态。

（3）易筋经"三段式"教学模式的实施

①"操练化"阶段。在这个阶段，教师的教学重点在于让学生快速、高效、规范地掌握动作，在相对较短的教学时间里为学生介绍功法的动作要领、传统文化知识、常见错误以及改正方法，在动作的讲解中注意对学生的启示教育，通过

简明扼要的介绍，让学生了解功法所涉及的内涵和知识，示范动作时要准确规范，多方面地为学生进行演示。对于学生在习练过程中出现的错误，教师要及时指出并纠正，避免形成错误习惯，或者鼓励学生之间互相指正和交流。教师应及时帮助学生指出未被发现的问题，解决学生的疑问，在巡回中进行个性化指导，培养学生的独立练习能力。

②"口令词"阶段。这个阶段的教学任务主要是让学生的动作由生硬机械过渡到缓慢柔和，使学生跟随教师的"口令词"熟练掌握功法动作，同时独立练习，要求学生进行自我口令引导，独立演练功法动作。集体练习时教师可让学生分段练习，教师在教学过程中要注意发口令的轻重缓急等语调变化，及时借助口令词或重复口令引导对学生的错误进行纠正。在分组练习时，可由教师或学生代表发口令，学生跟随口令分组练习，练习时学生互相纠错和点评，教师在巡回过程中对学生进行相应的纠正和指导。

③气功态阶段。这个阶段的教学任务主要是借助易筋经的音乐对学生进行引导，前期教学仍以集体练习为主，在练习过程中，教师带领学生进行集体练习，主要使用易筋经音乐进行诱导练习。后期使用古典的传统民族音乐练习，并且要求学生进行自我诱导练习，在独立练习时摆脱对音乐诱导的依赖，自我主动进入气功态。练习时教师要巡回指导，在学生练习时进行保护，防止部分学生处于气功态时受到惊吓，在学生独立练习之前向学生强调不要在他人处于气功态时随意打闹，不准直接或间接地对他人进行干扰。

第四章　高校武术课程设置与优化发展

随着高校武术教学地位的不断提高与高校武术教学改革的不断深入，高校武术教学的课程设置中的一些问题日益凸显。本章内容为高校武术课程设置与优化发展，分别论述了高校武术课程设置分析和高校武术课程设置优化发展。

第一节　高校武术课程设置分析

一、课程与体育课程概述

（一）课程概述

1. 课程的概念

课程指在校生所应该学习的各项学科总和及其进程与安排。课程有广义和狭义之分，广义的课程指学校为实现培养目标选择的教学内容及其进程的总和，它包括教师教授的各种学科和有计划、有目的的教育活动；狭义的课程指某一门学科，如体育课程。在学校教育系统中，课程是对教学目标、教学内容、教学活动方式的总体规划与设计，是教学计划、教学课程纲要等教学诸要素实施的总和。

2. 课程特点

①课程体系的组织是符合科学逻辑的。

②课程体现了社会的意志和选择。

③课程是学习者的外在部分，地位高于学习者。

（二）体育课程概述

1. 体育课程的概念

体育课程是指在学校指导下，促进学生在身体、运动认知、情感与社会方面和谐发展的，有组织、有计划的教学活动。体育课程在课程体系中属于基础学科，它以身体活动为主要特征，将理论与实际充分结合，促进身心全面发展。在学校教育体系中，体育课程在小学、中学和大学都属于必修课程，它是学校课程体系的重要组成部分。

2. 体育课程的性质

（1）身体的活动性

与其他学科的课程相比，体育课程以身体活动为主要教学内容，教师通过组织学生参与各种各样的身体活动，使其了解体育健康知识、掌握体育运动技能。运动技能的教学是体育课程教学最重要的教学形式。

（2）授课的集体性

体育课程教学通常采取班级授课制。在高校体育选修课程中，会出现班级人员组成不属于同一个班级的现象，同一个体育选修课可能有不同学院、专业、年级的学生，虽然打破了固定班级建制，但授课形式依然是班级授课制。

（3）教学活动的互动性

在体育教学活动中，教师和学生都需要积极参与其中，并进行有效互动，缺少任何一方的积极参与，体育教学活动都无法正常开展。体育教学中的教学互动是多方面的，无论教师还是学生，都应该参与到教学互动中来。从互动主体来看，包括师生互动、生生互动。

（4）教学空间的开放性

体育教学课程与其他学科课程相比需要更加广阔的教学空间，这是由体育教学的身体活动性所决定的。如果教学空间不够充足则有可能导致必要的教学活动无法开展，或者在一定内容的教学活动开展过程中因为空间不足导致不同学生之间互相干扰，从而导致意外伤害事故的发生。

（5）教学过程的直观性

体育教学以身体活动为主要教学内容和教学表现形式，在教学中体育教师的教学内容讲解是直观的，动作示范是直观的，教学管理也是直观的。体育教学内容需要学生亲身参与到不同身体活动中去感受各种技术动作，因此需要体育教师用生动形象和直观的语言进行讲解与描述。

体育教学中，需要学生进行动作模仿与学习，然后通过具体动作了解和理解动作中蕴含的运动学原理、规律与特点，所以教师的动作示范必须直观形象，以使学生建立正确的运动与技术表象。在体育教学活动组织与管理中，教师要身体力行，以获得学生的支持与认可，从而更好地组织和开展体育教学。

（6）教学内容的相互独立性

在体育课程教学中，教学内容具有相互独立性，不同体育教学内容的教学并不严格按照学期划分。不同体育运动项目的学习，虽然在基础体能素质上可能存在一定的共性要求，但是在运动专项素质、技能方面，体育教学内容中不同体育运动项目的教学可以独立存在。例如，其他体育运动项目的教学并不影响武术的教学，体育教师可以同时进行传统武术和西方竞技体育运动项目的教学，不同体育运动项目的教学与学生的学练并不会存在相互干扰和制约的情况。

二、高校武术教学的课程任务

（一）全面提升学生的身心素质

1. 提升学生的身体素质

武术运动具有多元教育功能，通过武术教学可以促进学生的身心全面发展。武术是一项可以全面锻炼参与者身体的运动，武术教学活动的开展，能使学生身体的各系统部位得到锻炼。

2. 提升学生的心理素质

①提高学生学习武术的自信心。

②促使学生在武术学练中养成良好的意志品质。

③帮助学生培养健康的心态。

④提高学生的抗挫折能力。

（二）增加学生的武术理论知识

1. 使大学生掌握武术基本知识

武术的基本知识包括：

①武术的起源与发展。

②武术的概念与流派。

③武术的内容与分类。

④武术的文化内涵。

⑤武术的其他基本常识。

2. 增强大学生的健康意识

向学生传授武术运动知识与技术的目的是希望学生通过接受武术教育，形成终身体育的健康认识，培养自我习练的良好习惯。在一些高校的体能测试中，出现了部分大学生身体健康水平不如中学生的现象，针对此高校应重视大学生健康意识的培养，让高校大学生认识到健康的重要性，并在日常生活和行为习惯中时刻树立健康意识，改善不良生活习惯、生活方式，并掌握必要的武术健身方法，促进自我身体素质的提升。

3. 提高学生的保健养生能力

我国传统武术具有重要的康体、保健、养生价值，武术基本功、武术养生气功是高校武术教学的重要内容。现阶段，我国大学生健康教育日益受到重视，新时期的武术课程教学应重视健康教育内容的引入，让学生掌握促进自我身心健康发展的保健与养生功法，并在毕业离开校园之后继续科学运用武术保健养生功法练习保持良好的运动体能、技能。

（三）提高学生的武术运动技能

在高校武术教学中，武术运动的基本理论和动作技术是最主要的教学内容。提高学生的武术技能是武术教学的重要目标之一，武术教学应促进大学生武术基本运动技能的提高。

三、高校武术教学的课程类型与课时安排

（一）武术教学课程类型

当前，我国高校武术教学课程主要分为两大类，即武术必修课与武术选修课。武术必修课主要是武术专业学生的体育课程，武术专业的学生应完成本专业的所有武术理论和实践课程的学习。武术选修课一般面向本校所有大学生，也有面向其他学校学生的相关课程（此类课程不多）。大学生应结合自己的爱好和时间，选择自己喜欢的体育课程内容，参与体育课程学习，在完成相应的课程后会得到相应学分。

（二）武术教学课时安排

从整体来看，我国高校武术课程设置的课时少，课程内容丰富，选修率不高。我国各高校在设置武术课程时，会充分考虑本校学生的武术学练需求和学校教学实际，基本能满足大学生的武术学习需求。从大学生对武术选修课的满意程度来看，大学生大多对武术课感兴趣，但基于各种原因，武术选课率并不高。此外，在武术课程课时安排方面，目前学校传统武术教学主要是分散教学，这显然不利于良好教学效果的获取。

四、高校武术教学的课程项目设置与内容

（一）武术课程教学项目

传统武术内容丰富，种类繁多，学校应该结合本地区、本校以及学生的兴趣爱好，设置不同武术项目的课程，以供学生选择。当前，在我国高校武术课程教学中，所涉及的项目主要包括太极拳、初级拳、五步拳、散手、棍术、太极剑、双节棍及太极扇这八种。除此之外，学校很少安排其他武术课程。为了更好地开展武术教学，各高校应充分结合学校的实际情况来确定教学项目，从目前的调查来看，格斗运动越来越受高校学生欢迎，为了满足学生的愿望，顺应武术教学的这一发展趋势，建议普通高校武术课程将格斗运动列入教学内容中。

（二）武术课程教学内容

武术运动以功法练习、套路演练和技击实战为基本运动形式。在我国高校武术教学中，最常见的种类为武术基本知识、基本动作和基本能力，这三类武术教学内容在常规教学中所占比重较大。对不同武术课程教学内容与步骤的具体分析如下。

1. 武术基本知识教学

教学中，涉及武术一般理论，以及与武术相关的其他学科的理论。体育教师应准确讲解、用词明确，明确重点内容。具体包括如下内容。

①武术的技术动作名称、术语。

②技术特点、力学解剖原理。

③过程、要领、要求。

④谚语、口诀、典故、故事。

2. 基本功练习

基本功即为完成基本动作所必须具备的专项身体素质，扎实的武术基本功是个体学习的重要基础。

3. 技术动作示范

对传统武术的技术动作进行示范教学，在做示范时，要求如下。

①保持认真的态度。

②示范动作应规范、优美。

③结合教学内容科学分解示范、完整示范。

④重点动作重点示范。

⑤示范角度全面，包括镜面、背面、侧面示范。

⑥为帮助学生更好地掌握具体武术动作，可进行正误对比示范。

4. 组合动作学习

传统武术组合动作主要包括手法组合、腿法组合、步型组合、腰法组合、跳跃组合等，熟悉掌握武术组合动作能为武术套路练习奠定良好的基础。

5. 套路学习

武术套路是武术基本动作、组合动作的机械串联，对学生掌握基本的攻防方法和形成一定的武术技术风格具有重要的帮助作用，也是学生终身参与武术学练的一个重要形式。

6. 武术攻防习练

传统武术攻防技术内容丰富，主要包括步法、手法、腿法、摔法、拿法等几类基本动作。对传统武术基本动作的学习是攻防技术学习的基础，任何攻防技术都是通过具体的技术动作实施的。攻防技术教学，仍以教师示范和学生模仿为主要教学形式。

7. 教师领做

技术动作领做应建立在学生了解和掌握武术技术动作概念、原理和技术要点的基础之上。武术教学实践中，教师应注意领做的方向和位置，使所有的学生都能看到，配合讲解与口令指示，教学效果更佳。

8. 模拟实战与实战

实战是提高习武者攻防技术水平的重要手段，在学生尚未熟练掌握技术和战术的情况下，教师切不可组织学生参与实战。当前，我国高校武术教学中，面向大学生的武术选修课教学很少涉及实战对抗教学。武术实战教学应注意以下几点。

①公平分组，避免因实力悬殊造成伤害。

②对抗时间不宜过长。

③做好安全防护。

9.指挥学生练习

学生掌握传统武术技术动作后，教师用口令指挥学生练习，通过观察，指出学生的不足之处，指导学生掌握正确的技术动作定型、动作节奏。当前，在我国高校武术教学中，由于各校对武术教材的使用并无严格规定，各校体育教师在武术教学课程内容安排上存在较大的自由度，教师可结合自己的实际情况和学生的学习需求选择武术基本功技法、套路等灵活开展教学。

第二节　高校武术课程设置优化发展

一、高校武术教学课程观念的优化

（一）加强领导对武术教学的重视

长期以来，体育在我国学校教学中的地位一直都不高。学校相对更加重视文化课程教学，体育工作只要不影响学校的主要工作，还都是支持的，但如果矛盾一旦发生，会首先对开展体育工作提出反对意见，甚至把体育课的进一步推广、深化视为添乱，这就使得体育教学在学校教育中长期处于一个尴尬的境地。

近年来，大学生群体的身体健康状况令人担忧，面对学业与就业的压力，相较于文化课程，学生喜欢走出教室在外面活动身体，大部分人对体育课保持积极态度。此外，体育教学促进学生身心健康与智力发展的作用也受到肯定，教育部采取了一系列加强学校体育工作的措施。在此背景下，学校体育的教学地位有所提高，部分学校的体育工作确实得到了重视和加强，但也有相当多的学校把国家加强学校体育工作的措施看成了负担，采取回避、应付、观望的态度，措施并没有真正落实到位。对于应试教育背景下的学校领导者来说，不重视体育教育，武术教学自然也不会受到重视。

武术教学在高校体育教学中具有育人和文化传承的双重作用，武术应该受到学校领导部门的重视并得到大力推广，但是就整个高校的体育教学发展来看，武术作为学校体育教学中的一个运动项目，与西方竞技体育运动项目的教学相比，缺乏程式化的教学操作，存在一定的教学操作难度，因此一直处于边缘性的地位。武术教学在高校体育教学中一直都是处于比较缓慢的发展状态。

在影响高校武术教学发展的因素中，有一个重要的因素是学校顾虑到武术教学中学生意外伤害事故可能多发，因此采取回避和应付的态度。当前，我国高校中，有相当一部分高校体育管理人员进取心不强，生怕出事，不想多事，不想揽事，不站在教书育人和文化传承的角度来推进学校武术教学的发展，没有真正认识到高校武术教学的重要意义和作用，在本校的武术教学发展与改革中缺乏主动性，在校内外争取资源和探索武术教学发展方面缺乏担当和勇气。当前，想要促进武术教学的发展，科学设置武术教学课程，首先要得到作为体育教学主管部门的管理部门和管理者的重视，管理人员的素质、认识水平、责任心是决定学校体育工作成效的关键。

（二）转变教师的武术教学观念

我国传统武术教学的开展已经有一段时间，传统武术作为我国优秀传统文化的重要组成部分，在教学过程中与新时期的学校体育教学观念方面的契合程度还不高。在我国很多高校，不少体育教师没有领会到传统武术教学能够促进学生身心健康发展和传承传统武术文化的本质。在高校竞技体育教学占据体育教学主导地位的体育教学背景下，高校武术教学不受重视，或者在教学中深受竞技体育运动项目教学的影响，以标准化的技术教学为操作指导，将学生的武术动作学习、技术学习量化，在武术教学中偏重于竞技武术，这是部分体育教师对武术教学的误解，也会让大学生产生竞技武术就是武术的错误认知。

高校武术教学应在新时期凸显体育教学促进大学生全面发展的重要教育作用。在高校体育教学中，教师应挖掘武术多元教育价值与功能，并重视武术文化的教育化传承。武术作为我国传统体育文化，要在当前以竞技体育为主导的背景下持续发展，就必须加快传播与传承，重视高校武术文化教育是实现武术文化现代化传承与发展的重要手段和有效途径。高校体育教师，必须高度重视我国传统体育文化的发展，通过学校体育教育促使现代竞技武术与传统武术文化相互促进、协调发展，走可持续发展的道路，转变武术教学仅是"动作模仿""花拳绣腿"的陈旧观念，从实际出发，树立全新的武术教育传承观念，促进传统武术课程教学的发展。

（三）调整武术教学课程目标

课程目标对课程教学活动的开展有重要的指导作用，高校武术教学课程应确立科学的课程目标。我国高校传统武术课程教学主要针对武术专业学生开展，教学目标过度强调学生武术竞技水平的提高，忽视了对大学生基础运动能力的培养和身心的协调发展。

新时期，高校武术教学课程应将教学放在"育人"的目标上，把增强学生体质、提高学生的健康水平作为传统武术教学的首要目标，增强学生体质，提高学生的传统武术运动素养，通过武术教学促进大学生的身心健康发展，并使其养成终身参与武术锻炼的意识与习惯。

二、高校武术教学课程体系要素的优化

（一）拓展武术课程内容

1. 丰富教学内容，满足学生的个性化需求

当前，我国高校武术教学课程内容以套路运动教学为主，学生不分年龄、性别、年级，在同一个学期统一学习同一套武术套路，缺乏个性化教学。近年来，高校大学生对格斗运动的兴趣越来越高，因此为了满足学生学习格斗的愿望，顺应武术教学的发展趋势，建议普通高校拓展武术课程教学内容，将格斗运动列入教学内容中，以丰富高校武术课程的内容，提高学生对武术课程的兴趣和学习积极性。

针对女大学生的武术教学，可以引入女子防身术，以发挥武术教学对大学生的健身、防身实用价值。此外，还应以不同大学生的生理、心理特点和兴趣为主要依据，合理安排相应的武术教学内容，使武术教学课程内容更加丰富多彩，不断提高学生学习传统武术运动的积极性与主动性。

2. 重视加强武德教育

习武先习德，武术学习中，对习武者武德的培养占据核心地位。高校武术教学应将武德纳入课程内容，在武术教学实践中，强调技艺教练和道德教育的有机结合。

（二）合理选用教学方法

传统武术教学需要学生反复进行高负荷的身体练习，尤其是武术基本功的练习，单一且枯燥，对此应结合教学实际选用多种教学方法，使传统武术运动教学方法多样丰富，充分调动大学生武术学习的积极性。

（三）完善课程教学评价

在传统教学评价模式中，评价是教师的"专利"，学生通常处于被动地位，其评价的权利经常被忽略。现代传统武术课程评价应实现多元化的评价。武术课程设置评价的多元化具体是指评价者、评价方式、评价内容的多元化。具体结合传统武术课程教学过程中所涉及的人（教师和学生）和活动（教师的教和学生的学），对武术课程进行纵轴、横轴的划分和相应的评价。当前，我国高校武术评价以学生期末演练武术套路为主要依据，对学生武术理论知识掌握程度、武术学习态度、武术体能发展程度的关注度不够，忽视基础差的学生的努力，助长了具有一定运动基础、体能好的学生的学习惰性，教学评价不公平、片面。此外，在高校武术课程教学评价中，教学评价者一般为任课教师，任课教师对所任教班级进行自考自评，教学评定的标准和尺度不一、人情评分过多。针对上述情况，体育教师在武术课程教学评价中，应尽量做到评价得全面、客观，做到武术课程教学评价内容的全面、评价主体（教师、学生）与评价方式（教师评价、学生互评）的多元化，肯定学生武术学习的进步，指出不足与改进建议，实现教学相长。

三、高校武术教学课程设置的体制优化

（一）丰富武术课程类型

当前，我国高校的武术课程类型比较单一，主要是武术必修课、武术选修课两种类型，武术专业学生严格按照学校武术课程安排完成相应的武术课程学习，

其他非武术专业的大学生自由选择是否选修武术选修课。由于武术选修课是非强制性的，因此在体育选修课上，更多大学生出于兴趣爱好和容易拿到学分的考虑，选择其他体育课程的学习，武术选修课对大学生缺乏吸引力。

结合我国高校武术教学课程发展实际，想要进一步促进我国武术教学课的发展，使武术教学课程受到更多大学生的喜爱，各学校应结合本校的具体实际，有针对性、目的性地拓展武术课程类型，如尝试将武术选修课、武术俱乐部、校园武术文化活动有机结合在一起，丰富多彩、灵活多样地开展武术教育教学，使大学生能在武术课程教学中积极、主动学习武术教学内容，从而提高武术教学效果，活跃高校武术教学气氛。

（二）完善武术选课制度

目前，武术教学分必修课和选修课，学校必须真正落实科学选课制度，以学生的兴趣为出发点，形成形式多样的武术课堂，使学生能结合自身情况进行自由选择，提高大学生选修与学练武术的积极性与主动性。

（三）完善武术课程设置标准

结合武术课程设置要素，制定武术课程设置标准，对有关武术课程设置的诸多因素进行相应的定性分析和定量研究，科学、准确地确定相应的评价标准。

（四）武术课内外教学一体化

新时期，必须完善高校武术课程设置结构，具体来说，高校应根据各自的实际情况，使课内、课外一体化教学得到进一步加强。武术课程教学时间有限，无法从根本上满足学生和学校的武术发展需求，课外活动是课堂教学的延伸，能够对课堂武术教学起到积极的辅助作用，因此必须充分认识课余武术的作用和地位，以此来取得良好的教学效果。具体应做好以下工作。

首先，学校应鼓励教师对学生课外武术活动进行指导，并为教师的相关工作提供便利，此外还可以适当建立合理的教师激励机制，即按照有关规定把课余训练时数计入教师的工作量，给予教师报酬。

其次，教师应主动积极地参与到学生的课外武术活动中，将课余武术指导工作纳入教师本职工作中。

最后，学生在学校领导的支持指导下，积极建立学生武术练习团体，如校内武术协会、武术俱乐部、武术代表队，多渠道开展武术活动，促进大学生的武术学习和交流。

四、高校武术教学课程设置条件与设施优化

（一）完善教材

结合当前我国高校武术教学课程所使用的教材现状，编写选用武术教材应注意以下问题。

1. 教材的科学系统性

传统武术是一个多学科相交叉的学科，涉及体育学、传统哲学、中医学、养生学、伦理学、美学、兵法学等学科知识。武术课程教材的编写应广泛汲取各学科知识，以编撰出科学、系统的武术专业教材。

2. 教材的实用性

学校武术教材，不仅要对武术运动的健身性和文化教育性给予重视，还要充分体现出武术攻防实用性等特点。

3. 教材的需求性

武术教材的使用面向一线教师与广大大学生，选编武术教材，一定要与武术运动的发展相适应，充分考虑教材内容是否适应学生的身心发展、兴趣爱好及个性发展的需要。

4. 教材的地方特色

选编学校武术教材时，要以各地实际情况为主要依据，体现地方教学内容的特色与优势，促进本地区武术文化的传播、传承。

（二）优化师资

教师的业务水平和业务素质直接关系到教师的教学态度、教学水平、教学质量等。在高校武术课程教学过程中，教师起着重要的主导作用，因此应加强师资队伍建设，提高教师专业素质，这是提高高校武术课程教学质量的重要基础。

近年来，我国开始重视武术教学，扩招了一大批武术教师，这些教师具有年轻化的特征，他们对武术运动的学习和了解不够全面，对武术运动的认识和教学

水平不高，在教学中不能很好地讲解武术技术动作的目的和实用方法，不能充分满足学生的兴趣、爱好和学习需求。高校武术教学对教师的专业素养要求较高。首先，在武术教学中，体育教师必须示范准确、讲解清楚，了解武术技术内容的内在攻防含义，只有这样才能更好地组织武术教学。其次，武术是借助肢体来表现运动技能、表达美的一种身体语言，体育教师是武术动作最直接的示范者，体育教师专业水平高，易对学生产生积极影响。如果教师不具备过硬的武术素养和教学能力，就不能顺利开展武术教学活动，无法完成武术课程教学任务。

要优化高校武术教学，学校必须重视对师资的培养，要求武术教师不断提高武术专业素质、教学能力，通过教学交流与培训，加深教师的武术文化底蕴，使教师具备不断认识、反思自己及塑造自我的能力，具备自觉进行科学研究的意识和能力。

（三）备好教学器材

促进武术课程的发展应加强传统武术教学场地、器械等配套设施的建设，保障传统武术课程的顺利开展。在教学器材方面，近年来，我国高校大学生选修武术的人数不断增多，但是武术教学器材数量与质量并没有明显的改善，多数高校存在武术教学器材数量少、老旧、磨损严重的问题，严重影响了武术教学效果，也存在教学安全隐患。武术教学场馆是组织传统武术教学，开展传统武术竞赛活动的重要保证，实际上目前我国高校传统武术教学与训练场馆等设施建设参差不齐。大多数高校的武术课教学基本都是在室外场地进行的，遇到阴雨大风等恶劣天气会取消武术课，只有很少一部分学校建设有专门的武术场馆，这些场馆也多存在空间小、各班轮流使用的情况，无法充分满足武术教学需求的问题。

加强传统武术器材的建设，为学生开展训练奠定良好的物质基础，是高校武术教学课程设置需要重点解决的问题。对此，各类学校应加大对武术课程教学的投资力度，重视武术课程教学器材设施的购置、维护，同时广泛筹措资金建设武术教学场馆，确保武术教学课程的顺利开展与实施。

第五章　高校武术教学的典型分析与未来展望

在经济全球化不断推进的大背景下，高校武术教学也应做出及时的改变。本章内容为高校武术教学的典型分析与未来展望，主要论述了高校武术教学的典型分析——以太极运动教学为例以及高校武术教学的未来展望。

第一节　高校武术教学的典型分析——以太极运动教学为例

一、高校太极运动的课堂理念

（一）太极运动宏观思想

首先通过对相关资料和理论的讲解让学生对于太极形成宏观上的认识。"混沦一气内外修，泾渭不分至道由，空洞自然凝神静，化虚还原此中求。"[①]主张利用人体内经络气血的活动使身体内外的运动联系起来，做到内外兼修，内修精神、神韵、气血、肢体力量和脏腑功能，外修手、眼、躯干、运动方法和步伐。经过从古至今的实践验证，太极的确有显著的强身健体和预防疾病的功效，甚至可以配合一些药物进行某些疾病的治疗，同时又符合提倡节约的社会风气。太极满足了人们对于健身运动的众多要求，因而成为一种大众化的全民健身运动。在太极教学时，重点介绍太极适宜男女老少各个群体习练的特点，增强学生学习的信心，使学生对学习太极产生兴趣，让学生能够自觉地学习。

（二）同源异流，教其特色

太极发展至今已经形成了众多流派，凝结了多年演变过程中众多大师名家的共同努力。在太极的教学过程中，教师首先要对各个流派的太极招式风格和特点

---

① 曹志清.形意拳理论研究 [M].北京：人民体育出版社，1998.

进行讲解，让学生了解透彻，如陈式太极拳有以下几个特点。首先，陈式太极拳的动作曲折流畅，每招每式都以缠绕式、螺旋式、抽丝式的方式为中心，由内到外做圆转运动。其次，陈式太极拳的动作以腰部为枢纽，以身体的运动带动四肢的运动。最后，动作流畅协调，圆满对称，适合青壮年和身体素质比较好的人群练习。杨氏太极拳的特点是动作轻柔、拳架舒展、轻盈灵活、简洁严谨，习练时动作轻柔，既可以供身强体壮的群体习练增强体质，又可供身体素质较差的群体习练以防病治病、疗愈保健。武氏太极拳的特点是动作紧凑舒缓，脚下步伐虚实相兼，要求习练者自然站立，以头部为支撑，用身体内部的气血运转和虚实转换带动躯干运动，将身体左右对称分开练习，左手带动身体的左半边，右手带动身体的右半边，两边互不干扰，向前出手时手指不超过足尖，收回手肘时肘不贴身。吴氏太极拳的特点是动作轻松自然，柔和舒缓，招式灵活连续，拳架由舒展到紧凑不拘谨，故以柔化著称。孙氏太极拳的特点是动作行云流水，连绵不断，招式进退相随，敌进我跟，敌退我撤，动作饱满自然，虚实相兼。以上各个流派的太极拳虽然各有各的特点和个性，但都起源于一家，在学习太极拳的过程中，习练者不仅要掌握众多太极流派之间的共性，也要了解各个流派各自的特点。

（三）突出动作含义

太极的招式动作复杂多变，习练者初学时入门困难，这就要求老师在教学时进行分解教学，简洁明了地对动作进行讲解，根据学生的实际情况和知识储备选择合适的讲解方式，使大部分学生都能够接受。在讲解时可以先对太极的下肢步法和步型进行讲解，再讲解上肢的手法和手型，之后再讲解动作的上下肢配合以及眼法和身法的配合。教师在讲解时应使用简洁的话语和生动形象的方式讲解动作的要领，简明扼要地说明太极各个招式的攻防意义，结合动作名称的内涵和动作要领调整动作，使动作更加协调规范，同时配以朗朗上口的口诀，以加深印象，从而提高学生学习太极拳的积极性，激发其学习兴趣，加深理解。

（四）示范力求正确

习练太极时要求习练者头向上顶，颈部肌肉不要僵直，头部动作应与身体位置和方向的转换协调一致，站姿中正，静心凝神，身体放松，呼吸保持自然，动静相间，在一招一式之中展现出太极优雅、闲致的独特美感。教师在教学时，务必规范优美地示范，在示范时配以简明的讲解，保持神态放松自然，姿态优美，气定神闲，让学生在视觉、听觉和身体感觉等多方面对太极动作形成正确、深刻的印象和概念，激发学生的学习兴趣，让学生产生学习的自觉性。需要注意的是，示范时要考虑到动作的方向、演示场地的器材布置位置、学生所站队形、重点观察部位和安全性，随时对示范位置和方向进行调整。在对太极动作分段讲解或整体示范时，教师应放慢速度，对太极招式的运动方向和路线慢速讲解示范，使学生在跟做中逐步掌握动作招式的方向和运动轨迹，了解动作中手型和步法的变化，让学生认识到太极的运动方向看似只是一直在向一个方向前进，但具体到每招每式，运动方向都有细微的变化，看似简单明了，实则暗藏玄机。教师要提高学生的学习积极性和自觉性，提高学生的学习效果。

（五）上好实践课，注重体悟

学习太极要循序渐进，和其他健身活动一样，都要经历由生疏到学会、由学会到熟练的过程。在习练太极时，习练者要做到由内到外地放松，不仅要做到放松肌肉皮肤、骨骼结节，还要放松五脏六腑和神经系统。太极的教学可以大致分为三个阶段。

第一阶段：这个阶段主要是要在步法、姿势上打好基础，从基本步法和手法入手，学习全套功法中的手型、步型、身法、功法、精神等方面的要领，保证习练时姿势准确，动作规范，呼吸平稳。太极教学过程中最为基础和重要的部分是下肢的步法、步型和下肢姿势的教学。太极中常用的步法有进步、退步、跟步、垫步和侧行步等，常用的步型有弓步、马步、丁步、虚步、仆步和独立步等。在每节课的教学之前，先进行准备活动，预习本节课要学习的步法、手型和身法，练习之后再进行接下来的架势、架形教学。教师在太极的教学过程中要循序渐进，刚开始要慢速示范和领做，对动作进行分段讲解和示范，学完几个动作后再整体练习，将这几个动作练习熟悉之后再进行下一部分的动作学习，要做到反复温习之前学过的动作，逐步积累、逐渐提高，最终将所有片段连起来整体练习。

第二阶段：习练者进入第二阶段的学习时，习练者对自己的学习情况也有了一定的了解，但每个学生在习练过程中的学习倾向和方法都是有一定个人特点的。

第三阶段：这个阶段要注重"三抓"，即抓脚步、抓线路、抓定式，"三抓"的核心是规范化。习练者在学习太极时要做到反复练习，记住动作的套路，及时纠正动作中的错误，教师要引导学生在习练时做到心静体松，呼吸平稳，将形体动作、呼吸和意念三者有机结合，以达到动作规范柔和的效果。

（六）从实际出发，合理安排

运动技能是后天习得的，学生在习得运动技能的三个阶段中，各自采用的学习方法也各不相同。

①认知和定向阶段的练习方式，在这一阶段可采用分解练习、模仿跟做练习、侧重点练习、调整难度练习等。

②组合练习阶段的练习方式，在这个阶段中习练者可采用完整练习、组合练习、变换练习、重复练习等方法。

③熟练自动化阶段的练习方式，在这个阶段习练者能够做到准确流畅、稳定协调地运用运动技能，合理安排适合自身的学习方式对增强运动能力大有裨益。

二、高校太极课堂教学改革

（一）高校太极课堂教学的现状

首先，随着高校不断扩大招生规模，每个班级的学生人数增多，提高了太极教学的难度。由于学生人数较多，导致学生难以看清老师的示范和动作的细节，教师在个人指导时也太过耗费精力，难以观察到每位学生的学习情况，教学效果不佳。

其次，学生学习态度不积极。大多数学生从未接触过太极运动，虽然学习的太极套路和动作已经经过简化，但是出于教师的专业水平等因素的影响，学生会感觉太极运动过于困难和复杂，导致学生学习态度不积极。

最后，学生缺乏自觉性。在太极运动的教学过程中，由于教师做不到逐一指导，学生也看不到自己的动作，对自己的动作是否准确也无从得知，因此参与意识降低，失去了学习太极的兴趣和积极性。

（二）高校太极教学存在的问题

①高校太极的教学模式一般以班级为单位，忽略了学生个体之间的差异性，教学课程十分单一，教学内容单调空洞，要求非量化教学，学习效果的评价标准

也过于主观，导致学生的学习效果参差不齐，学习能力强的学生不够学，学习能力较差的学生跟不上，从而导致部分学生丧失学习太极的积极性。

②太极的动作繁多，招式复杂，不少高校分配给太极教学的时间不多，学生很难在短时间内掌握，教师为了完成教学任务也会赶进度，导致学生的学习效果不甚理想。

③当前，不少高校的太极教学忽略了对太极理论知识的讲解，只讲解招式套路和技术，让太极教学失去了修养心性的功能，注重内外兼修的太极被学成了"慢体操"。

④不少高校的太极教学忽略了教学的双边性，以教师为主导，没有发挥学生的主观性，课堂全部为教师讲解领做，教学氛围呆板沉闷，学生全程处于被支配地位，导致老师教学疲惫不堪、学生索然无味的局面。

⑤太极活动只在课上学习，不像田径、体操、球类等体育项目也能在课外活动中巩固，太极运动没有在课余活动和学校比赛中推广，得不到较好的普及。

（三）高校太极课堂的教学创新

1. 编写科学的太极练习教材

太极以"阴阳学说"为理论基础，凝聚着博大精深的中国传统文化，练习太极时应认真学习其独特的理论知识体系，将太极的理论知识学好会使之后的练习事半功倍。学习太极拳时，首先要学习拳理，把拳理学明白了，之后也就不会走弯路了。太极拳动作舒缓，呼吸自然平稳，是一种自然的功法，其中包含的静功体现在动作的动中求静；阴阳学说体现在动作中的虚实变换；敌无定法、因人为法，体现出了唯物辩证法和孙子兵法。因此，学习太极拳时要重视对太极拳理论的研究和学习。在发展太极拳时应取其精华，弃其糟粕，去伪留真，正确看待传承与发展的关系。

现代太极拳若想摆脱当前太极拳名师青黄不接的困境，应该邀请一些太极拳大师和其他传统内家拳的大家对太极拳的传统拳理拳法进行研究，建立严谨科学的习练体系，让太极拳的学习者早日修习成功，为太极拳的传承与发展打下基础。

教材在教学中起着主导作用，是教师教学的依据和参考，也是学生学习的工具和资源。高校太极拳的教学内容通常缺乏太极拳科学理论和完善体系的支撑，无法提高高校学生的学习兴趣，大学生通过这些类似舞蹈或慢速长拳的内容也认识不到太极拳的本质。高校的太极拳教学内容是简化后的 24 式太极拳，内容匮乏，学生通常是只掌握动作，但对太极拳的深层含义几乎一窍不通。所以，编写完善、系统的太极拳教材是高校太极拳教学的首要任务。

2. 在太极教学中必须突出其技击性

现在很多人都认为太极拳是用于健身的一种武术，由于技击是武术的灵魂和精髓，因此太极拳同样可以用来攻击和防身，只是大部分人都没有真正见识过太极拳的攻击效果，对太极拳的本质和科学性的认识不够深刻，事实上众多太极流派的代表人物都有比较深厚的功夫，在太极拳技击训练时也都有其独特的训练方法。例如，太极拳的"拳"，指的就是技击之道，习练者通过反复练习套路招式和推手动作，达到意气结合的效果，使身体空灵松活，为之后的太极拳技击训练奠定基础。大学生好奇心强、精力充沛、活泼好动、乐于表现，对太极拳的武术技击会很感兴趣，只有在教学时利用科学的教学方法，突出其技击性，还其本身面目，才能激发学生的学习兴趣，让更多学生学习修炼太极拳，从而快速培养太极高手，在国内外众多拳系流派中站得一席之地，让太极拳得以传承与发展。

3. 集百家之长，研究出科学的太极训练方法

在太极的修炼者之中流传着"太极十年不出门"一说，事实上，如果有科学的训练方法，只需三到五年就能培养出优秀的太极人才。这说明培养太极人才的根本是科学的训练方法，想要在太极修炼中有一定的造诣，不仅要勤练苦练，还要有悟性，学会巧练，耐得住寂寞。

太极拳的基本功为站桩，站桩是众多传统武术中锻炼"内劲"的基本功法，它是进入传统中华武术世界的敲门砖，很多门派都有站桩，如意拳有健身桩和技击桩；太极拳有无极桩、太极桩等。太极拳是中华武术中最具影响力的一门内家拳种，只有通过站桩，才能练出内劲，体会到太极拳的奥妙之处，从不同角度体悟到太极拳的精髓。

4. 提高太极教师队伍的水平

目前，部分高校的太极拳教师缺乏太极理论知识，习练水平也不够高，所以还不能将太极的文化内涵讲出来，只是简单地教授太极拳的动作套路，不能展现出太极拳的技击性和本质精髓，导致部分学生只能学会套路动作，却不了解太极拳的文化内涵和理论知识，也不知道如何进入太极拳的高深境。太极拳的传承

和发展需要的太极拳教师，应拥有丰富的传统文化知识储备，拳法修炼经验丰富，能够在符合太极拳修炼层次规律的前提下培养人才。

培养太极运动师资人才要从两方面着手准备：第一，要重视太极运动师资的培养，国家应当成立专门的太极运动高等学府，将太极运动作为非物质文化遗产进行保护和弘扬，培养稳定的高质量太极运动师资队伍。第二，提高太极拳师资队伍的太极拳功夫水平，教师只有具备了高超的太极拳功夫，才能在教学中让学生心服口服地主动学习，让学生少走弯路，更加系统、科学地习练太极拳。

5. 强化学生的课外辅导练习

在高校的太极拳教学中，很多教师都忽略了在课外布置太极运动练习，课外的太极运动练习是课堂太极运动教学的重要补充。高校体育课一般时间短、间隔时间长、课时少，太极拳的功法又较为复杂，仅依靠课堂教学时间讲解是不够的，如果不在课下进行额外的太极理论学习和基本功练习，学生很容易出现学习效果差、兴趣减退的情况。因此，在太极运动教学时，要鼓励学生利用课余时间通过组建太极社团等方式进行系统练习，逐步带动学生学习。

6. 太极基本功的讲解与训练的针对性要强

太极运动的动作于外注重虚实转换和阴阳变化，阴动阳终，阳动阴止；于内强调"减法修炼"，要求达到精神和意气的统一，动作轻柔舒缓、松圆自然。在太极运动的教学中，要对太极基本功的练习十分重视，要求将身形、姿势做到"中正安适"，清楚太极运动修炼的层次及规律：首先要修炼松功，松功是太极运动的生命线和中心点，是太极拳的根本；其次修炼势功；再次是桩功；最后是气功。在太极教学的过程中，要做到简明易学、通俗易懂，绝不可故弄玄虚，打着传统文化的旗号糊弄学生。

7. 开设有关太极的文化讲座

开展有关太极的文化讲座，主要是邀请一些太极拳名家对太极拳的拳理拳法进行普及和推广，让学生了解学习太极拳的正确步骤，在展示太极拳技艺的同时，让学生体会太极拳修炼过程中的"阴阳变换"，体验修习太极拳内功过程中功力增长的奇妙，对太极拳与文化、科学、医学、美学和哲学的关系产生一定的认识，从而避免一味地说教和空谈理论，使学生信服并重视太极拳的学习，真正推动太极拳的发展。

三、太极运动项目之太极拳教学

太极拳是高校太极运动教学中最常见的教学内容，太极拳课程的主要教学内容为太极拳套路动作学练，鉴于大学生的养生功法习练基础有限，各校多以国家体育总局简化创编的 24 式简化太极拳为主要教学内容。经过对 24 式太极拳动作内容的分解讲解与学练，使大学生掌握整个 24 式太极拳的健身养生动作与方法。

（一）套路简介

简化太极拳是 1956 年由原国家体委运动司整理编定的套路，它取材于我国流传面和适应性最广泛的传统杨氏太极拳，按照简练明确、删繁就简、突出重点的原则整编。此拳分为 8 组，共 24 个动作，故又称"24 式太极拳"。全套动作结构合理、易学易懂，是初学者入门学习的基础套路。该套路包括拳、掌、勾三个手型和弓步、马步、仆步、虚步、歇步、独立步 6 种步型，挒、挤、按、采、裁、拦、捶、架、撑等十余种手法，上步、进步、退步、碾步、横开步、并步 6 种步法及一种腿法（蹬脚）。整套动作如行云流水，连绵不断，充分体现了太极拳柔和、缓慢、圆活、连贯的运动特点和虚灵顶劲竖项、沉肩坠肘坐腕、含胸拔背实腹、松腰敛臀圆裆、心静体松意注、呼吸深长自然、轻沉虚实兼备的技法要求。目前，简化太极拳已成为全民健身计划的重要内容，并在国内外广泛流传。大学生在校期间学习太极拳，有利于身心健康，对培养出具有高尚道德情操的高素质武术人才以及推动高校教学中立德树人根本任务的落实都具有重要的意义。

（二）动作名称

根据太极拳的不同动作名称，我们将其划分为不同的组别，具体名称如表 5-1-1 所示。

表 5-1-1　太极拳动作名称

组别	动作名称
第一组	（1）起势 （2）左右野马分鬃 （3）白鹤亮翅

续表

组别	动作名称
第二组	（1）左右搂膝拗步 （2）手挥琵琶 （3）左右倒卷肱
第三组	（1）左揽雀尾 （2）右揽雀尾
第四组	（1）单鞭 （2）云手 （3）单鞭
第五组	（1）高探马 （2）右蹬脚 （3）双峰贯耳 （4）转身左蹬脚
第六组	（1）左下势独立 （2）右下势独立
第七组	（1）左右穿梭 （2）海底针 （3）闪通臂
第八组	（1）转身搬拦捶 （2）如封似闭 （3）十字手 （4）收势

（三）太极拳练习要领

①静心用意，呼吸自然，即练拳要求注意力集中，呼吸平稳，深匀自然，不可勉强憋气。

②中正安舒，柔和缓慢，即身体保持舒松自然，不偏不倚，动作如行云流水，轻柔匀缓。

③动作弧形，圆活完整，即动作要呈螺旋形，转换圆活不滞，同时以腰作轴，上下相随，周身组成一个整体。

④连贯协调，虚实分明，即动作要连绵不断，衔接和顺，分清虚实，重心保持稳定。

⑤轻灵沉着，刚柔相济，即每一动作都要轻灵沉着，不浮不僵，外柔内刚，发劲要完整，富有弹性，不可使用拙力。

（四）动作说明

1. 第一组

（1）起势

动作要点：两肩下沉，两肘松垂，屈膝松腰，两臂下落和身体下蹲的动作要协调一致。

如图 5-1-1 所示，开步，臂平举，屈膝下蹲；垂肘，目平视。

①   ②   ③   ④

图 5-1-1 起势
（本图由作者创作）

（2）左右野马分鬃

动作要点：两臂始终要保持弧形，身体转动时要以腰为轴，弓步动作与分手的速度要均匀一致；做弓步时，膝不要超过脚尖，后面的脚要向后蹬转，前后脚尖夹角成 45°—60°，两脚之间的横向距离应保持在 10—30 厘米。

攻防含义：对方右手打来，用右手擒握对方手腕向下采引，同时左脚上步插入对方身后，左前臂随之插入对方右腋下，用转腰分靠之力使对方仰倒。

如图 5-1-2 所示，上体右转，两手抱球，左弓步，两手分开，上体后坐，左腿前弓，两手抱球，右转，右弓步，两手分开（右野马分鬃同左野马分鬃，方向相反）。

图 5-1-2　左野马分鬃

（本图由作者创作）

（3）白鹤亮翅

动作要点：两臂上下保持半圆形，左膝微屈。身体重心后移，右手上提，微向左转腰，左手下按呈左虚步。动作要协调一致，并注意以腰带臂。

攻防含义：对方双掌攻来，用两手上下分开双掌，瓦解其攻势；对方右手攻来，用左手撅住其右腕，右臂插入对方右腋下，用转腰横捌之力使其前扑。

如图 5-1-3 所示，上体左转，两手相对，右脚上步，左脚前移，两手分开，目平视。

图 5-1-3　白鹤亮翅

（本图由作者创作）

2. 第二组

（1）左右搂膝拗步

动作要点：上步时，脚跟先着地，重心要稳；向前推手时，身体不可前俯后仰，要松腰松胯；推掌时要沉肩垂肘，坐腕舒掌，同时须与松腰、弓腿上下协调一致。

攻防含义：当对方用脚踢裆部，即以左手搂开其脚，同时上步弓腿以右掌向对方胸部击去。左、右搂膝拗步用意相同，唯方向相反。

如图 5-1-4 所示，第一，右手下落，左手画弧至右胸前；转体，收左脚。第二，上体左转，左弓步；右手屈再前推，左手下落。第三，屈右膝，左腿前弓，左转体，收右脚；两手画弧，目视左手（右搂膝拗步同左搂膝拗步，方向相反）。

图 5-1-4　左搂膝拗步

（本图由作者创作）

（2）手挥琵琶

动作要点：定势时要肩膀下沉，肘部下垂，放松胸部；左手抬起时由左方向上前方挑出，微带弧形；右脚跟进时脚掌先着地，再将全脚踩实；身体重心随左手抬起和右手收回要协调一致。

攻防含义：当对手出右手攻击，使用右手扶住其右腕部，顺势先后牵拉；同时左手覆于对手的肘关节处，两手用力内合，使用反关节擒拿法使对手的右臂攻击其自身。

如图 5-1-5 所示，右脚跟进，上体后坐，左虚步，左手上挑，右手回收；两手立掌。

图 5-1-5　手挥琵琶

（本图由作者创作）

（3）左右倒卷肱

动作要点：双臂保持弧形，前推的同时转腰松胯，双手速度保持一致，退步时脚掌先着地，再全脚踏下，同时前脚以脚掌为轴随身体转动扭正。退左脚时身体略向左后方倾斜，退右脚时身体略向右后方倾斜，后退的同时眼神看左右手，然后再转向看前手。退右脚时，脚尖外撇，为下一动作"左揽雀尾"做准备。

攻防含义：在退守中反击，当对手右手攻来，用左手接住，顺势退步牵引，右手则突然攻击对方胸部。

如图 5-1-6 所示，上体右转，双手翻掌；推右手，撤左臂，右虚步，上体左转，左手平举，右手翻掌反方向再做一次；抬右腿，左转体，推左掌。

图 5-1-6　左倒卷肱

（本图由作者创作）

3. 第三组

（1）左揽雀尾

动作要点：两臂保持弧形，分开双手、放松腰部、双腿屈弓，三者要协调进行；双手向下伸出时，上身不可向前倾倒，臀部不能突出，双臂仍走弧线，左脚全脚掌着地；向前伸展时，上身直立，前挤的动作与松腰、弓腿的动作协调一致；向前按时，双臂走曲线，手腕高与肩齐，双肘微屈下沉。

攻防含义：用左手向对方挪出，并用两手顺势捋拉对方，待对方失去重心或回撤时，挤按攻击对方。

如图 5-1-7 所示，整体动作为上体左转—右转—左转，画弧，抱球；弓步，两掌下捋，左臂平屈；右臂屈肘，弓步，推掌，目平视。

图 5-1-7　左揽雀尾

（本图由作者创作）

（2）右揽雀尾

如图 5-1-8 所示，上体后坐，右转体，双手抱球；收右脚，视左手。此后动作同"左揽雀尾"后部分动作，唯左右相反。

图 5-1-8　右揽雀尾

（本图由作者创作）

4. 第四组

（1）单鞭

动作要点：上身保持直立，同时松腰，定势时右肘微下沉，左肘与左膝上下相对，肩部下沉，左手向外翻掌推出，随转体动作边翻边推出，速度不要太快。

攻防含义：用右手化解对方的进攻，左手攻对方胸、面部。

如图 5-1-9 所示，上体后坐，两手画弧，勾手，左弓步，推左掌，目视左手。

图 5-1-9　单鞭

（本图由作者创作）

（2）云手

动作要点：身体转动时以腰部和脊椎为轴，带动两臂的运动，身体重心保持平稳，两臂转动灵活自然，速度均匀平缓；脚尖向前移动，脚掌先着地再全脚踏实，目光随手移动。

攻防含义：云手是防守动作，用前臂或手拨开对方的进攻。当对方用左右手连续进攻时，用左右手连续破解对方。也可以用一手拨开对方，另一手插入对方腰间横拨助力。

如图 5-1-10 所示，身体右转，左脚尖里扣；右手画弧至左肩，右脚靠近左脚；左腿左跨步，目视左手，重复该动作。

图 5-1-10　云手

（本图由作者创作）

（3）单鞭

动作要点：云掌勾手上体右转，重心落在右腿上，左脚尖点地；右手随之经脸前向右运转，至右前方时变成勾手，勾尖朝下，左手向下经腹前向右上运转至右肩前，手心向内；视线随右手移转 (图 5-1-11)。

图 5-1-11　单鞭一

（本图由作者创作）

弓步推掌上体微左转，左脚向左前方迈出，左腿屈弓，右腿自然蹬直，呈左弓步；在重心前移的同时，上体继续左转，左掌经脸前翻转向前推出，腕与肩平；眼看左手（图5-1-12）。

图 5-1-12 单鞭二

（本图由作者创作）

攻防含义同前"单鞭"。

5. 第五组

（1）高探马

动作要点：右脚向前跟进半步，将身体重心缓慢移至后腿；右勾手变掌，两手向上转，双肘微屈，同时身体略向右转动，左脚跟随其逐渐离地，眼看左前方；上体向左转，面向前方，右掌从左耳旁经过向前推出，手心向前，手指与眼睛同高；左手置于左侧腰前，手心向上，左脚略前移，脚尖点地做左虚步，眼看左手。

攻防含义：当对方右拳或右掌击来，翻掌顺势向下、向后捋带，或用前臂外旋压住其腕，右手随之直击其面部。

如图5-1-13所示，右脚跟进，两手上翻，右掌前推，左脚虚步。

① ②

图 5-1-13 高探马

（本图由作者创作）

（2）右蹬脚

动作要点：支撑腿膝部微屈，保持身体重心稳定，上体保持正直，不可前俯后仰，两手分开时与肩平齐，右臂和右腿上下对齐；蹬脚时右脚尖回勾，与分手协调一致。

攻防含义：用两手向外分开对方的进攻，同时用右脚蹬击对方胸、腹部。

如图 5-1-14 所示，左手前伸，两手画弧；左脚尖点地，右脚蹬出；目视右手。

图 5-1-14　右蹬脚

（本图由作者创作）

（3）双峰贯耳

动作要点：右腿收回，屈膝抬腿，左手画弧向上抬，手心翻转向上；双手同时以弧线下滑落于右膝盖两侧，直视前方。右脚向右前方，呈右弓步，身体重心逐渐向前移，面向右前方，同时两手下落变拳，从两侧向上向前画弧至身前，拳峰相对，两拳距离稍窄于肩，高度齐于双耳，眼看右拳。

攻防含义：双拳下落化开对方攻击，随之双拳合击对方耳部。

如图 5-1-15 所示，右腿收，两手画弧，呈右弓步，两拳相对，目视右拳。

图 5-1-15　双峰贯耳

（本图由作者创作）

（4）转身左蹬脚

动作要点：与"右蹬脚"相同，只是左右相反。

攻防含义：同"右蹬脚"，唯左右相反。

如图 5-1-16 所示，左腿屈，右脚尖里扣，两手合抱，屈左膝，蹬左脚，目视左手。

① ② ③ ④ ⑤ ⑥

图 5-1-16　转身左蹬脚

（本图由作者创作）

6. 第六组

（1）左下势独立

动作要点：右腿全蹲，上体不可过于前倾，右腿和左脚伸直，左脚尖向里，两脚脚掌踏实，左脚尖与右脚跟踏在一条直线上。上体要正直，腿部和膝部微屈，向上提膝时脚尖自然下垂。

攻防含义：对方左手打来，用右勾手刁住其腕，随之蹲身下势，左腿、左手插入对方裆下将对方掀起。

如图 5-1-17 所示，左腿平屈，右勾手，落左掌，仆步起身，右勾左掌随摆。

① ② ③ ④

⑤ ⑥ ⑦

图 5-1-17　左下势独立

（本图由作者创作）

（2）右下势独立

动作要点：同"左下势独立"，唯左右相反。

如图5-1-18所示，落右脚，左勾手，右掌画弧，仆步起身，右勾左掌随摆。

图5-1-18　右下势独立

（本图由作者创作）

7. 第七组

（1）左右穿梭

①左穿梭。动作要点：转身丁步抱球，身体略向左转，左脚向前迈步，脚尖向外撇，右脚跟离地，两脚屈膝呈半坐式；同时两掌在左胸前成抱球状（左上右下）；右脚收回至左脚内侧，脚尖点地；眼看左前臂。斜方弓步架推，身体向右转，右脚向右前方迈出，呈右弓步，同时右掌由脸前出发向上举并翻掌置于右额前，掌心斜向上；左掌先向左下再经体前向前推出，高与鼻尖齐平，掌心向前，目视左掌。

②右穿梭。动作要点：转身丁步抱球，重心略向后移，右脚尖稍向外撇，随即重心再移至右腿，左脚跟进停于右脚内侧，脚尖点地；同时两掌在右胸前呈抱球状（右上左下）；目视右前臂。斜方弓步架推，同"左穿梭"，唯动作左右相反。

攻防含义：对方右手打来，伸右手向上挑架，同时左手向前推击。左穿梭用意相同，唯左右相反。

如图 5-1-19 所示，落左腿，两手抱球，先右弓步抱球，再左弓步抱球。

图 5-1-19　左右穿梭

（本图由作者创作）

（2）海底针

动作要点：跟步提掌，右脚向前跟进半步，重心落在右腿，同时上体微向右转，右掌向上提抽至耳侧，掌心仍向左，指尖斜向下；左掌经体前下落，掌心向下，指尖斜向前，目视前下方。虚步插掌，上体微向左转，面向前方，右掌从耳侧向斜前下方插下，指尖向前下，掌心向左；左掌向左画弧按在左胯旁，掌心向下；左脚稍前移，膝部微屈呈左虚步，目视前下方。

攻防含义：对方右手打来，用左手搂开对方，右手直插对方裆部，用指尖戳击对方。

如图 5-1-20 所示，右脚跟进，左脚点地；右手斜插，左手画弧落于左胯旁。

图 5-1-20　海底针

（本图由作者创作）

（3）闪通臂

动作要点：上体微向右转，左脚向前迈出一步，屈膝呈左弓步；右手由体前上提，屈臂上举，停于右额前上方，掌心翻转斜向上，拇指朝下；左掌上起经胸前向前推出，高于鼻尖，掌心向前，目视左掌。

攻防含义：用右手捋其右腕后带，左手推击对方肩或肋部。

如图 5-1-21 所示，左脚回收，左弓步；举右手，推左手，目视左手。

图 5-1-21　闪通臂

（本图由作者创作）

8. 第八组

（1）转身搬拦捶

动作要点："搬"应先按后搬并与右腿伸落相配合。"拦"应以腰带臂平行绕动向前平拦。"捶"应与弓步配合。整个动作过程均要上体自然，上、下肢协调一致。

攻防含义：在两手搬、拦开对方的进攻后，右拳攻对方胸部。①搬拳——拳由内向外格挡防守。前臂翻摆，拳由内向外格挡，或由上向下搬压，力点在拳背或前臂外侧。②拦掌——掌向前阻拦防守。掌经体前划弧向前伸出，由外向内翻掌拦截。力点在掌指。③打拳——拳由腰间旋转向前冲打。对方左手打来，用右搬拳格挡拦阻，并旋臂右带；对方右手打来，以左栏掌拦阻，以左手向右推开对方手臂，截断对方攻势，随即用右拳冲击对方。

如图 5-1-22 所示，右手画弧，左掌上举，右转体，左弓步，右拳前打，目视右拳。

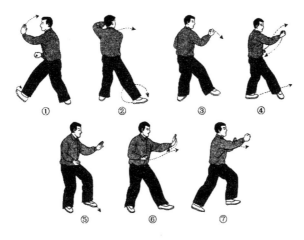

图 5-1-22　转身搬拦捶

（本图由作者创作）

（2）如封似闭

动作要点：穿掌交叉，左掌由右腕下向前伸出，右拳变掌，两掌心向上。目视前方。后坐收掌，上体后坐，右腿屈膝，左脚尖翘起，重心移至右腿上，同时两臂屈肘，两掌慢慢分开回收至胸前翻掌，落于两肋前，目视前方。弓步推掌，两掌向下经腹前再向上向前推出，腕部与肩平，掌心向前，同时左腿呈左弓步，目视前方。

攻防含义：对方双手推来，两手交叉插入其两臂之间，顺势引进，同时旋臂分手化解对方攻势，使其落空。当对方欲抽退摆脱时，随即双手前按，乘胜追击。

如图 5-1-23 所示，左手前伸，两手分开；翘左脚尖；两手翻掌推；左弓步。

图 5-1-23　如封似闭

（本图由作者创作）

（3）十字手

动作要点：在两手分开合抱时，上体不要前俯；站起后，身体自然正直，头微向上顶，下颌稍向后收；两臂环抱时须圆满舒适，沉肩垂肘。

攻防含义：双手合抱胸前，既是封闭防守，又是伺机而发，以应付对手进攻。

如图 5-1-24 所示，后坐，右转体，两臂侧平举，右弓步收腿，两手十字手。

图 5-1-24　十字手

（本图由作者创作）

（4）收势

动作要点：在两手左右分开下落时，全身放松，同时气也徐徐下沉（呼吸略加长）。呼吸平稳后，缓慢把左脚收到右脚旁。

如图 5-1-25 所示，两手外翻落臂，并步直立，落掌，目平视。

图 5-1-25　收势

（本图由作者创作）

四、太极运动项目之太极功夫扇教学

（一）套路简介

"太极功夫扇"（简称太极扇或功夫扇）作为一项新创编的太极拳器械套路，是一种风格独特的武术健身项目，其动作舒展圆活，刚柔并济，节奏快慢相间，具有独特的太极风格和健身作用。它在继承弘扬太极拳传统的基础上，做出了有益的新探索、新创造，表现在以下几点：①将太极拳与其他武术项目以及京剧、舞蹈动作巧妙结合，为太极拳运动注入了新内容；②将太极拳与扇的挥舞相结合，为太极拳器械增加了新品种；③将太极拳与现代歌曲相结合，使太极拳出现了载歌载"武"的新形式。"太极功夫扇"易学易练，是具有观赏性及艺术性的健身运动，经常练习可以陶冶情操，提高艺术审美力，娱乐身心，强身健体。练习者在感受艺术美的同时，体会从未有过的武术健身乐趣，达到振奋民族精神、弘扬民族文化的目的。"太极功夫扇"自推出以来，一直广受大学生的喜爱。

全套动作造型优美，结构新颖，动作有刚有柔，节奏快慢相间，同时伴以发声发力，歌武结合，不仅能提高锻炼的健身性，还具有趣味性和艺术观赏性。

第一段动作以太极拳、太极剑的技法和风格为主线，表现了扇子的抱、分、开、合、刺、撩、劈、压等技巧，动作柔缓自然，轻灵稳定。

第二、四段动作，以长拳、查拳等快速有力型武术的技巧和风格为主线，表现了削、推、按、藏、亮、挽花等扇法和戳脚、震脚腿法，动作明快，动静分明。

第三、五段动作以南拳、陈氏太极拳的刚健，发力、发声动作，以及京剧、舞蹈的造型亮相为主线，表现了扇子的挑、贯、云、劈、拨、拍等方法以及蹬脚、举腿、抖拳、顶肘、纵跳等技法，动作健美勇猛，气势雄壮。三、五段以后各有一个过门动作，分别以抱扇、行步两种不同方式承前启后，巧妙连接。

第六段将杨氏、吴氏太极拳的技巧和风格作为结尾主线，表现了掤、将、挤、穿、架、戳、背等扇法，在柔缓悠长、连贯圆活的动作中平稳收势。

（二）实践部分

1. 扇子的结构介绍

扇子是由扇柄、扇顶、小扇骨、扇沿、扇面、扇根构成的。

2. 基本功练习

手型：拳、掌、勾。

步型：马步、弓步、虚步、仆步、歇步、独立步、并步。

扇法：开扇、合扇、撩扇、劈扇、刺扇、削扇、戳扇、穿扇、亮扇、云扇。

（三）动作名称

根据太极功夫扇的不同动作名称，将其划分为不同的段别，具体名称如表5-1-2所示。

表 5-1-2　太极功夫扇动作名称

组别	动作名称
第一段	（1）开步抱扇（2）侧弓步举扇（3）虚步亮扇（4）进步刺扇（5）转身下刺（6）独立撩扇（7）转身劈扇（8）翻身抢压扇（9）马步亮扇
第二段	（1）弓步削扇（2）并步亮扇（3）进步刺扇（4）震脚推扇（5）戳脚撩扇（6）盖步按扇（7）弓步藏扇（8）马步亮扇
第三段	（1）马步推扇（2）转身刺扇（3）叉步反撩（4）点步挑扇（5）歇步抱扇（6）并步贯扇（7）云手劈扇（8）歇步亮扇（9）开步抱扇
第四段	（1）弓步削扇（2）并步亮扇（3）进步刺扇（4）震脚推扇（5）戳脚撩扇（6）盖步按扇（7）弓步藏扇（8）马步亮扇
第五段	（1）马步顶肘（2）马步翻砸（3）虚步拨扇（4）震脚拍扇（5）蹬脚推扇（6）望月亮扇（7）云扇合抱（8）歇步亮扇（9）托扇行步
第六段	（1）虚步捧扇（2）弓步捧扇（3）后捋前挤（4）并步背扇（5）弓步戳扇（6）仆步穿扇（7）弓步架扇（8）虚步亮扇（9）抱扇还原

（四）动作说明

1. 预备势

动作要点：并步站立，两臂自然垂于体侧。右手持握扇根，目视前方。

2. 第一段

（1）起势（开步抱扇）

动作要点：左脚向左分开半步，与肩宽，两臂从身体两侧合抱于胸前，臂与肩平。

易犯错误：上下肢动作不协调，两臂没有抱成弧形。

（2）斜飞势（侧弓步举扇）

动作要点：两手体前抱球与胸腹同高，两手撑圆，右脚提起收于左脚内侧，目视左手。开步插手时，两臂斜上斜下交叉。下肢呈右弓步，上身正直，左掌与胯同高，掌心斜向下，转头向左平视。

易犯错误：两臂画弧与下肢动作不连贯，腿快手慢或手快腿慢。

（3）白鹤亮翅（虚步亮扇）

动作要点：重心移动，转腰与两臂交叉要同时进行，虚步与开扇要同时完成。扇骨上下竖直，扇面平行于身体，扇正面朝前，背面朝内，扇沿向左。

易犯错误：虚步时出现上体后仰，两腿虚实不明，重心落于两腿之间。

（4）黄蜂入洞（进步刺扇）

动作要点：右手伸腕先合扇，继续以腰带臂，以臂带扇，横扇与左掌绕转要同时完成。扇卷落时，右臂外旋，手心向上，扇顶指向前方。刺扇时转腰顺肩，扇与右臂呈直线。

易犯错误：横扇与左掌绕转动作不连贯，扇子离开上体刺扇。

（5）哪吒探海（转身下刺）

动作要点：后坐收扇时，身体向左、向右转动；右手持扇向左、向右画弧收于胸前，弓步刺扇时身体略向前倾。

易犯错误：转身时右脚出现跳跃动作。

（6）金鸡独立（独立撩扇）

动作要点：右手持扇向上、向后画弧绕转，举于头右侧上方；左掌随之向右画弧至右腕旁，提膝、开扇要协调一致，身体要保持中正稳定。开扇后扇骨水平，扇沿向上，扇面与地面垂直。

易犯错误：独立步不稳，出现勾脚现象；撩扇时手臂没有画成立圆。

（7）力劈华山（转身劈扇）

动作要点：左掌下落前推，顺势合扇，盖步按扇以腰为轴，带动四肢。转腰合胯，提腿盖步，绕臂按扇协调一致。翻身绕扇时，扇贴身走立圆。下劈开扇后扇骨水平，扇面倒立，扇沿向下。

易犯错误：盖步出现分腿动作，翻身绕扇时，扇子没有贴身走立圆。

（8）灵猫扑蝶（翻身抢压扇）

动作要点：转身上步抢扇要以腰带臂，两臂贴身，抢摆呈圆。抢扇时扇面与抢摆弧线保持垂直。正反压扇时扇面接近水平，略低于膝。上体探身前倾，目视前下方。

易犯错误：右手抢扇与左手不协调，两臂前后没有伸直，上体探身后仰。

（9）坐马观花（马步亮扇）

动作要点：转腰顺肩，立身中正，退步穿扇时，应扇顶在前，扇骨沿身体向背后穿出。重心右移呈右弓步。同时右手持扇沿体侧向右前方反穿伸直，头随体转，目视扇沿。

易犯错误：反穿扇动作两手不连贯，马步动作不规范。

3. 第二段

（1）野马分鬃（弓步削扇）

动作要点：合臂、削扇都要以腰带臂，腰肢协调一致，舒展挺拔，放长击远，目视右扇。

易犯错误：削扇动作只是手臂用力。

（2）雏燕凌空（并步亮扇）

动作要点：要求顶头、挺胸、收腹、身体挺拔直立，并步、抱拳、开扇、转腰、甩头要整齐协调一致，干脆有力。亮扇大扇骨紧贴小臂内侧，扇沿朝左，目视左方。

易犯错误：并步、抱拳、开扇、转腰、甩头动作不连贯。

（3）黄蜂入洞（进步刺扇）

动作要点：左拳变掌，向左、向上、向右画弧至右胸前。刺扇与弓步协调一致。动作干脆利落，舒展有力。

易犯错误：左拳动作与刺扇动作不协调。

（4）猛虎扑食（震脚推扇）

动作要点：震脚推扇，此势为长拳动作，要求快速有力，干净利落。震脚时提脚高不过踝，踏落全脚着地，快速有力。两脚换接紧密，不可跳跃。

易犯错误：将震脚动作做成跳跃动作。

（5）螳螂捕蝉（戳脚撩扇）

动作要点：转腰绕扇，身体右转，重心后移，左掌覆于右腕随之画弧，戳脚要求脚跟擦地，脚尖上翘，小腿向前摆踢，开扇方向与右臂平行斜向前下方，右手高与腹平；扇面斜立在右腿前上方，目视前方。

易犯错误：戳脚没有做出用脚跟擦地的动作。

（6）勒马回头（盖步按扇）

动作要点：转体盖步要以腰为轴，转腰挥臂提腿反胯，转身时挺胸、仰头、翻腰，以腰带臂。

易犯错误：盖步出现分腿现象，两手幅度太小。

（7）鹞子翻身（弓步藏扇）

动作要点：右手扇以腕关节为轴持扇挽腕花，使扇在右手腕外侧绕转一周撤步藏扇，右手持扇向下、向后摆至身后，藏于胯旁，扇顶不要露于体外，目视左手。

易犯错误：挽花动作手臂太僵硬，左手推扇与右手藏扇不协调。

（8）坐马观花（马步亮扇）

动作要点：穿扇时扇顶朝前，扇骨贴身，反手后穿，马步展扇时，两脚平行，目视扇沿。

易犯错误：反穿扇动作两手不连贯，马步动作不规范。

4.第三段

（1）举鼎推山（马步推扇）

动作要点：推扇应快速发力，与转腰跨步密切配合。左脚滑步根据右脚跨步大小灵活掌握。推扇动作与马步一起完成，推扇、架掌要有力度。

易犯错误：左脚没有做出滑步动作。

（2）神龙回首（转身刺扇）

动作要点：转腰收脚与收扇收掌协调一致，两手相握右腹前刺出，扇子的高度与肩膀平行，目视前方。

易犯错误：转腰收脚与收扇收掌动作不协调。

（3）挥鞭策马（叉步反撩）

动作要点：动作连贯，叉步与开扇亮掌要整齐，右臂斜向下，扇骨与右臂平行，扇沿斜向上。叉步时，右脚尖外撇，右腿屈膝，左脚跟一起提起，左腿蹬直；塌腰挺胸，上体右转。

易犯错误：右臂没划立圆，反撩扇动作不连贯，左脚撤步与撩扇、架掌、转头不一致。

（4）立马扬鞭（点步挑扇）

动作要点：挑扇时右臂伸直摆动上举，点立步时重心在右腿，前脚掌虚点地面，两腿皆挺膝伸直，上体向上伸拔，推掌高与肩平。

易犯错误：左手下落接推掌动作时，手掌方向向前。

（5）怀中抱月（歇步抱扇）

动作要点：两臂合抱贴近胸前，右手持扇在外，扇面与身体平行。

易犯错误：转身与翻扇动作不一致。

（6）迎风撩衣（并步贯扇）

动作要点：要求顶头、挺胸、收腹、提膝，贯打与并步、转腰、甩头协调一致。

易犯错误：贯打与并步、转腰、甩头动作不连贯。

（7）翻花舞袖（云手劈扇）

动作要点：云扇以转腰、仰头、挺胸、转头来带动两手云摆，同时配合两臂内旋，劈扇时向左下方斜劈，目视右手扇子。

易犯错误：云扇与两臂内旋配合不协调，右脚后下方撤步做成左脚向左前上步。

（8）霸王扬旗（歇步亮扇）

动作要点：歇步、开扇、收掌、甩头要协调一致。歇步亮扇右臂上举，亮扇开扇于头侧上方，扇沿向左，目视左前方。

易犯错误：歇步、开扇、收掌、甩头动作脱节。

（9）抱扇过门（开步抱扇）

动作要点：此动作为过门连接动作，要求舒松自然，有间歇停顿，目视前方。

易犯错误：上下肢动作不协调，两臂没有抱成弧形。

5. 第四段

（1）野马分鬃（弓步削扇）

动作要点：合臂、削扇以腰带臂，腰肢协调一致，舒展挺拔，放长击远，目视右扇。

易犯错误：削扇动作只是手臂用力。

（2）雏燕凌空（并步亮扇）

动作要点：顶头、挺胸、收腹、身体挺拔直立，并步、抱拳、开扇、转腰、甩头协调一致，干脆有力。亮扇大扇骨紧贴小臂内侧，扇沿朝左，目视左方。

易犯错误：并步、抱拳、开扇、转腰、甩头动作不连贯。

（3）黄蜂入洞（进步刺扇）

动作要点：左拳变掌，向左、向上、向右画弧至右胸前。刺扇与弓步协调一致。动作干脆利落，舒展有力。

易犯错误：左拳无变掌动作，不是从腰间做出刺扇动作。

（4）猛虎扑食（震脚推扇）

动作要点：震脚推扇，此势为长拳动作，要求快速有力，干净利落。震脚时提脚高不过踝，踏落全脚着地，快速有力。两脚换接紧密，不可跳跃。

易犯错误：将震脚动作做成跳跃动作。

（5）螳螂捕蝉（戳脚撩扇）

动作要点：转腰绕扇，身体右转，重心后移，左掌覆于右腕随之画弧，戳脚要求脚跟擦地，脚尖上翘，小腿向前摆踢，开扇方向与右臂平行斜向前下方，右手高与腹平；扇面斜立在右腿前上方，目视前方。

易犯错误：戳脚没有做出用脚跟擦地的动作。

（6）勒马回头（盖步按扇）

动作要点：转体盖步要以腰为轴，转腰挥臂，提腿合胯，转身时挺胸、仰头、翻腰，以腰带臂。

易犯错误：盖步出现分腿现象，两手幅度太小。

（7）鹞子翻身（弓步藏扇）

动作要点：右手扇以腕关节为轴持扇挽腕花，使扇在右手腕外侧绕转一周撤步藏扇，右手持扇向下、向后摆至身后，藏于胯旁，扇顶不要露于体外，目视左手。

易犯错误：挽花动作手臂太僵硬。

（8）坐马观花（马步亮扇）

动作要点：穿扇时扇顶朝前，扇骨贴身，反手后穿，马步展扇时，两脚平行，目视扇沿。

易犯错误：反穿扇动作两手不连贯，马步动作不规范。

6. 第五段

（1）顺鸾肘（马步顶肘）

动作要点：此势采自陈氏太极拳，顶肘发力要松快短促，两拳屈收，贴近胸部。顶肘后迅速放松，使两臂产生反弹顿挫。

易犯错误：两臂平举做成扩胸动作。

（2）裹鞭炮（马步翻砸）

动作要点：此势是陈氏太极拳发力动作，抖拳时沉肩垂肘，气沉丹田。发力后两拳松握制动，产生反弹抖动。

易犯错误：两臂的摆动不能与下肢的移动相配合。

（3）前招式（虚步拨扇）

动作要点：移动平稳，步法轻灵。

易犯错误：将拨扇做成刺扇动作。

（4）双震脚（震脚拍扇）

动作要点：两手上托与摆腿蹬地要一致，身体跃起后左右脚依次下落，震踏地面两响。

易犯错误：两手摆臂与蹬地动作不协调。

（5）龙虎相交（蹬脚推扇）

动作要点：蹬脚和推扇要快速有力，同时完成，身体正直，站稳。

易犯错误：站立不稳，上体后仰，将蹬脚做成踢腿动作。

（6）玉女穿梭（望月亮扇）

动作要点：上插步时速度要快，也可做成跳插步，开扇挑掌与后举腿协调一致。同时拧腰、挺胸、转头，右腿屈膝后举，身体呈反弓形，扇骨竖直。

易犯错误：挑掌与后举腿脱节，右腿无后举动作。

（7）天女散花（云扇合抱）

动作要点：抱扇高度以扇沿顶与下颌齐平为宜。云扇时仰头挺胸，腕指灵活，扇面在头顶上翻转平云，与合扇云摆不同。

易犯错误：云扇时平视，云扇在胸前进行。

（8）霸王扬旗（歇步亮扇）

动作要点：歇步与开扇、收掌、甩头协调一致。

易犯错误：歇步、开扇、收掌、甩头动作脱节。

（9）行步过门（托扇行步）

动作要点：行步时要求重心平稳，不摇不晃，脚跟先起先落，上体保持不变。上步时按圆弧切线行进，第五步脚尖内扣，步幅稍小。

易犯错误：行步时没按圆弧切线行进，低头，身体重心起伏较大。

7. 第六段

（1）七星手（虚步捧扇）

动作要点：屈膝下蹲时保持身体正直，开扇与虚步同时完成，扇正面斜向下，小骨面斜向上。

易犯错误：屈膝下蹲时上体前俯或后仰，左脚以脚前掌点地。

（2）揽扎衣（弓步捧扇）

动作要点：步法轻灵平稳，身法中正安舒。转身上步时，与转腰协调配合。弓步时，左脚跟随之蹬转。

易犯错误：弓步时后脚跟没有外展后蹬，造成挺胸、侧肩和开胯的错误；上步时与转腰动作不协调。

（3）捋挤势（后捋前挤）

动作要点：后坐前弓步时，后脚不可扭动。后捋前挤要与腰部旋转相配合。

易犯错误：两臂不松展，出现紧张夹腋或松软无力的现象，后捋前挤不能与腰部旋转动作相配合。

（4）苏秦背剑（并步背扇）

动作要点：云扇要随腰的转动松活地平云画弧；上体保持正直，右臂相应做内旋。并步、背扇与推掌要协调一致。云扇以腕关节为轴运动，所以右手腕要松活，尽量贴身做云扇动作。

易犯错误：云扇时无转腰动作，并步、背扇与推掌不协调。

（5）搂膝拗步（弓步戳扇）

动作要点：搂膝拗步时为保重心稳定，两脚左右宽度要保持30厘米左右。戳扇时扇根朝前，扇骨水平。前戳，下搂和弓腿同时到位。

易犯错误：搂膝拗步时重心起伏较大，戳扇动作不灵活、僵硬。

（6）单鞭下势（仆步穿扇）

动作要点：转身勾手时重心仍在左脚，仆步开扇后扇骨与地面平行，扇面立于右腿内侧上方。

易犯错误：仆步时左腿屈膝不到位，出现弯腰、抬臀、低头等错误。

（7）挽弓射虎（弓步架扇）

动作要点：定势时，上体半面左转，架扇扇沿向上，扇骨水平，右手拳外侧向前打出，目视拳的前方。

易犯错误：转腰与摆臂不协调。

（8）白鹤亮势（虚步亮扇）

动作要点：重心移动，转腰与两臂交叉要同时进行。虚步与开扇同时完成。扇面平行于身体，扇正面朝前、背面朝内，扇沿向左。

易犯错误：虚步时出现上体后仰，两腿虚实不明。

（9）收势（抱扇还原）

动作要点：开步平举时，右手先合扇，再收脚展开臂平举。并步与抱扇要同时进行。

易犯错误：并步与抱扇没有同时完成。

第二节　高校武术教学的未来展望

一、高校武术遵循可持续发展理念

任何一个国家、一个民族的文化，在其发展过程中，都会经常出现这样一种矛盾运动：一方面它要维护自己的民族传统，保持自身文化的特色；另一方面它又需要吸收外来文化以发展壮大自己。这种矛盾运动，文化学上称为"认同"与"适应"。

矛盾是事物发展的动力。不同历史时期的武术存在于不同的历史条件下，其矛盾有着各自的特殊性，这就决定了武术的概念、特点和价值也都是在不停地发展变化着，对此我们必须具体事物具体分析。

（一）可持续发展的科学内涵

可持续发展，英文为 sustainable development，这一概念的提出，最早可追溯到 1980 年由联合国环境规划署（UNEP）、世界自然保护联盟（IUCN）、世界自然基金会（WWF）联合发布的《世界自然资源保护大纲》。1987 年，世界环境与发展委员会在布伦特兰（Brundtland）夫人等的提议下，发表了《我们共同的未来》的报告。在这份报告中第一次使用了"可持续发展"的概念，并在报告中对可持续发展概念进行了详细解释。报告发布后，可持续发展概念在世界范围内产生了巨大反响。

在《我们共同的未来》报告中，将可持续发展定义为能够使当代人的需要得到满足，同时又不会对子孙后代的需要得以满足的能力产生危害的发展。这个定义又提到了两个非常重要的概念，一个是需要概念，另一个是限制概念。就需要来讲，要把世界各国人民最基本的需要放在最优先的位置进行考虑；就限制来讲，是指社会组织和技术状况对环境满足现在以及将来需要的能力所进行的限制，包含多个层面。这些都是科学发展观中最为基本的要求。

为了更好地确保全球能够可持续发展，就必须对社会、自然、经济、生态以及自然资源利用过程中的基本关系进行研究。《建设一个可持续发展的社会》在 1981 年由美国人布朗出版，在这本著作中，布朗提出要想实现可持续发展就要控制人口增长，对基础资源进行保护，对可再生资源进行开发。1992 年 6 月，联合国在巴西里约热内卢组织召开了"环境与发展大会"，在会议上通过了《里约环境与发展宣言》《全球 21 世纪议程》等文件，这些文件体现出可持续发展的核心思想。中国政府也积极行动，发布《中国 21 世纪人口、环境与发展白皮书》，首次提出可持续发展的战略，把它列入国家经济和社会发展的长远规划之中。可持续发展观是一种新的道德观、发展观和文明观。对可持续发展的解读，有以下几点。

①可持续发展的重点是"发展"，在实践中要将这一主题予以突出。对于一个国家来说，经济增长与发展其实是两个概念，发展是多方面因素的共同作用，如科技、社会、文化和环境等，是人类共有、普遍的权利，不管是发达国家还是发展中国家，是全人类所共有的。

②可持续性的发展，人类社会和经济的快速发展不能超越环境和资源的承受能力。

③人类生来平等，在发展和生活的过程中，当代人要给子孙后代留出后路，要让后代也有相同的发展机会，当代人不能因为自己的私利损害下一代人的利益。

④人类要与大自然协调发展，构建全新价值标准和道德观念，做到尊重自然、保护自然，与自然和谐相处。如果盲目追求发展大肆破坏环境，必将遭到自然的惩罚。所以，可持续发展是一条光明的大道，可持续发展的提出与实施是人类社会文明进步的历史性转折。

（二）传统武术可持续发展的含义

作为我国民族文化的重要组成部分，传统武术的发展过程并非一帆风顺，在发展过程中受到了多方面因素和条件的影响与制约，因此如果想继续把武术文化传承和发扬下去，就需摒弃不好的思想观念，摆脱制约与束缚，进行大胆积极的创新，走可持续发展之路。

所谓传统武术的可持续发展，是指既要使传统武术在当下得到发展，同时也要考虑传统武术的今后发展，让传统武术的发展走到健康、稳定、可持续、良性的轨道上来，从而使子孙后代的武术需求得到满足。传统武术可持续发展的具体措施就是采取各种手段和措施，为传统武术将来的发展建立或创造出更好的条件，从而促使传统武术可持续地发展。

二、高校武术发展的未来趋势

武术的发展必须是全方位的，高校武术是其重要的组成部分，高校武术只有得到良好发展才能有效助力中国武术的未来发展。武术是中华民族的，也是世界的，做好武术的国际传播对树立武术的世界认同，乃至构建中国国家形象都有着非常积极的作用。

（一）全方位标准化

越是简化统一和标准规范的事物，越容易被人们接受，武术的推广亦是如此。24式太极拳就是典型的例子，创编推广后成为太极拳学习的最基础套路，也是向国际传播和推广武术的"首选"，但仅有这一个套路是不够的，武术技术体系应结合段位制建立由易到难的标准化技术体系，既有简单入门的，也有进阶和复杂的技术，建立教学、练习和考核统一的标准化技术体系。这一技术体系还应考虑以奥运会等国内外赛事为主的竞技系列和以大众为受众的健身系列。除了技术标准化以外，组织、管理、竞赛、考核、用品、国际化推广（包括翻译）等均需要标准化，且是国际一流标准，标准化是规模化的基础，是国际化的关键因素之一，武术只有实现了标准化，才能更好地实现规模化，并最终实现国际化的发展目标。

（二）教学目标的细化与具体化

在当前体育教学纲要中，明确指出了体育课程教学中的发展性目标与基本目标，并结合其教学特征具体划分为五个部分，即心理健康目标、运动技能目标、社会适应目标、身体健康目标以及运动参与目标。作为高校体育教学的重要组成部分，武术教学的目标也被划分为心理适应能力、体质健康、武术技能、武术意识与行为五个部分。同时，在高校武术教学过程中，各项目标均得到了不同程度的贯彻，为武术教学改革提供了更加明确的方向。

（三）教学内容的综合性与生活化

高校武术教学内容逐渐趋于综合化、多样化以及生活化。随着高校体育教学改革的深入，传统的课堂武术教学发生了巨大的转变，成为课内教学训练与课外武术活动竞赛有机结合的教学模式。该教学模式的实施，突显了武术教学过程中知识的综合化与多样化，并在教学中合理融入了健康知识、实践内容以及相关的理论知识，相比于武术技能的提升，更注重提升学生的综合体育素质，将丰富学生的养生保健知识，增强学生的社会适应能力作为武术教学的重要目标之一。

（四）教学方法的多样化与灵活化

由于高校武术教学内容的多样化与综合化，为了确保教学的高质量，武术教师必须灵活运用多种教学方法，以针对学生的个体差异及不同阶段的层次水平，高效组织"教"与"学"的整个过程。学生在武术学习过程中，也能结合自身各方面因素，制定科学的学习目标，并在武术练习中不断提升自己和突破自我，最终形成符合自身发展的武术练习模式及终生体育意识。

三、拓宽多媒体技术在未来武术教学中的创新应用

现今计算机多媒体技术在体育教学中的实际应用是对传统体育教学的改革，使体育教学向科学化和现代化迈出了重要一步。计算机多媒体技术在武术教学中的应用对于建立新的武术教学理论形式、提高武术教学质量具有非常重要的作用。

（一）多媒体技术在武术教学中表现出的优势

多媒体技术改变了传统武术教学以"教"为中心的教学模式，教师运用现代化的多媒体教学手段进行授课，同时借助人机交互与学生相互交流，激发了学生的参与意识，体现了武术多媒体教学以"学"为中心的教学思想，增强了武术教学教法的多样性，体现了教学的实践性，改变了学生学习武术知识与技能的思维方式，是对传统教学观念的转变。

（二）多媒体技术在武术理论课教学中的应用

1. 编写适合武术理论教学的课件脚本

课件脚本的编写非常重要，脚本的编写应体现课件的教学设计思想，即教学目标和教学内容的确定、媒体信息的选择、知识结构的设计等。脚本的好坏直接影响课件的制作质量，因此教师应根据教学内容的需要，精心策划和组织文本，做到层次明确清晰、重点内容突出、文字精练流畅。按照教材内容，采用适宜的教学方法和教学手段制作一系列结构框，每个结构框完成一个教学课件单元。

2. 合理收集武术资料

武术理论教学内容广、专业性比较强，因此演示文稿包括大量的图、文、声、像、动画、视频等素材。素材可从教材与各种媒体采集、复制，尽量挖掘库存资源。有条件的话也可从相关体育网站下载图片、动画、文本、声音等素材，借助扫描仪从图谱、书籍中扫描，从光盘上抓取，用数码相机拍摄大量相关彩色、黑白照片和视频画面，然后利用有关设备、软件合成制作。内容丰富的课件，有利于高密度、大容量地完成教学任务，增强学生的形象思维，提高学生的想象力。

（三）多媒体技术在武术实践课教学中的应用

1. 灵活运用，激发兴趣

在武术实践课教学中，通过多媒体的声、光、色、形对学生的心理产生影响，

满足他们旺盛的求知欲和强烈的好奇心，激发他们的学习兴趣。如在武术散打步伐教学时，可事先利用多媒体放映武术散打的比赛经过，重点让学生观察比赛队员移动的脚步，学生在兴致勃勃地观看比赛的过程中，就能知道步伐技术在整个比赛中发挥着巨大作用，进而激发学生的学习兴趣，增强学生学习的主动性。

2. 突出技术动作的重点和难点

在武术运动中，有许多运动技术不仅结构复杂，还需要在瞬间完成，很多动作强调快速、灵活。教学时，先以正常速度让学生观看整体示范动作，让学生对动作的运动方向、动作线路有一个较为全面的了解，然后再用较缓慢的速度观看，让学生了解动作形象、结构和细节，进一步强化记忆。由于动作是在正常情况下完成的，只是放慢了播放速度，因此便于观察技术细节、熟悉动作路线，对学生在思想上建立一个完整的动作概念大有帮助。

3. 通过正误对比，纠正错误动作

利用多媒体技术，把优秀运动员的技术录像或图片以及运动技术的难点、重点和常见的错误动作制作成课件。在上课时让学生观看，并与他们一起分析比较，提出问题，解答问题，使学生边看边听边想，这样就能够使学生在练习中避免许多常见的错误动作。

（四）武术多媒体教学课件的制作原则

1. 目标性原则

多媒体教学课件应该具有明确的教学目标，帮助学生掌握学科基本知识、基本技能，形成各种能力。

2. 科学性原则

多媒体教学课件要正确反映课程知识内容、课程结构和专业技能。科学性是多媒体课件的基础，多媒体教学课件的科学性主要体现在多媒体课件的内容能正确反映科学理论和技术，符合武术运动原理和规律。多媒体课件中引用的资料、数据、图表、图形应真实准确，最好保持体育运动的前沿性与新颖性，多媒体课件对概念的阐述、观点的论证、事实的说明、材料的组织应符合科学逻辑。

3. 艺术性原则

多媒体课件在保证科学性的前提下，应具有较强的表现力、强烈的感染力，使教学内容富有艺术气息，增强趣味性，引人入胜，以激发学生的学习兴趣，提高教学效率。课件的界面形式应该活泼、色彩鲜明，易吸引学生的注意力，需要注意的是色彩运用要适度，以不分散学生的注意力为原则。

（五）高校武术微课的创新发展

1. 微课给高校武术教学带来的机遇

微课又名微课程，它是以微型教学视频为主要载体，针对某个学科知识点或教学环节，设计开发的一种情景化的支持多种学习方式的新型在线网络视频课程。微课这一全新的教学模式，将给高校武术教学带来如下机遇。

（1）缓解师资力量的不足

师资力量的不足是制约高校武术教学发展的一大因素。微课资源的制作虽然会花费大量的时间与精力，但微课视频文件上传至网络后，可以让大量习练者无限次地观看学习，期间只需教师适当指导即可。高校武术教学采用微课形式，在满足学生学习需要的同时，能节省大量的人力，缓解师资力量的不足。

（2）满足学生个性化学习的需求

学生的个性化学习需求，主要表现在自由选择学习内容、学习方式、学习时间、学习地点等。传统的师生面对面的班级教学，教学内容、教学时间、教学地点都是根据多数学生的水平确定的，学生很少有自主选择的机会。微课由于其借助网络传播，突破了传统教学在人员、时间、空间三个方面的限制，学生在借助电脑、平板电脑、智能手机等终端设备的情况下，可以随时随地学习想要学习的内容，真正做到了个性化学习。

（3）促进教育公平

由于经济社会发展的不平衡，我国教育资源的分布极不均衡，地区之间、学校之间的教育资源，存在着较大的差距。平衡教育资源，促进教育公平，是高校的社会责任之一。优质的微课资源通过互联网共享，可以使不具备相应资源学校的学生得到一个新的接受武术教育的途径，从而获得相对公平的受教育机会。

2. 高校武术微课教学面临的挑战

微课的引入，可以给高校武术教学带来诸多的机遇，但高校采用微课形式开展武术教学时，也面临着一些挑战。主要有以下几个方面。

（1）微课资源的制作费时费力

微视频、微教案、微课件、微练习、微反思、微点评、微反馈共同构成微课的七大资源要素。教师在准备这些资源时，需要耗费大量的时间与精力。微视频是微课的核心资源。微课资源制作完成后可以反复使用，边际成本基本为零，但微课资源的前期制作所需投入的大量成本，是推广武术微课教学的一大障碍。

（2）学生的学习习惯

多数习武的学生都有看视频学习技术动作的经历，这都发生在得不到教师指导的情况下。如果能得到教师面对面的传授，几乎所有的习练者都愿意以面授的形式学习。与观看视频学习相比，学生更加习惯于师生面对面的教学。学生以自己习惯的方式学习，效率可得到保障；以不习惯的方式学习，效率将大打折扣。武术微课教学，学生以观看视频为主要的学习方式，不再是学生习惯的教师面授教学，因此学习效率会受到影响。所以，学生的学习习惯，是推广武术微课教学面临的一大挑战。

3. 高校武术微课应用模式

完全自学模式是指习练者不能得到微课之外的教师的指导，完全依靠微课学习。指导自学模式则指习练者在微课之外，能够得到教师的指导。在高校中，无论师资力量如何薄弱，总能找到能够指导学生学习的教师（或学生），故高校的武术微课教学，宜采用指导自学模式。以该种模式开展教学，指导教师起着规划、监督、纠错、考核的作用。规划学习过程、制订习练计划，在微课学习之前；监督习练计划的实施情况与纠正学生习练过程中所犯的错误，在微课学习之中；考核习练成果，则在微课之后。

4. 推动高校武术微课建设的建议

虽然微课给高校的武术教学带来了诸多机会，但推广武术微课教学同样面临着多重挑战。如何克服推广武术微课面临的挑战，发挥武术微课的作用，是武术教育界必须认真思考的问题。

（1）加强制度建设

武术微课的开发，先要由武术教师做好课程规划，安排教学内容与顺序，再根据规划，有序制作微课。在拍摄具体微课视频时，先要做好教学设计、写出教案、设计拍摄脚本，然后实施拍摄与后期的视频编辑制作，再将微课视频和其他资源上传至网络平台供学生学习。武术微课的开发、维护、实施，牵涉面广，工作量大，想要保障武术微课开发、教学的正常进行，学校必须加强制度建设，以制度的形式，对师资培训、工作流程、人员责任、薪资待遇进行规范。

（2）内容建设

微课内容的开发，是微课教学能否成功的关键之一。好的内容既要能体现武术的特色，又要能激发学生的学习兴趣，还要富有教育意义。在规划武术课程时，应先调查学生对何种武术内容感兴趣，再根据学校的师资情况，做出适当的选择。在内容的选择上，要做到注重技术教学的同时，又要充分重视武术文化教学。武术不仅是一个体育项目、一种实用技术，更是一种文化。无论是从传承文化的角度看，还是从育人的角度看，武术文化都是高校武术教育的重要内容。武术微课的制作是一个费时费力的过程。如何快速积累一定数量的武术微课资源，满足学生的学习需要？在加速微课制作的同时，可以在保护版权的情况下，充分利用网络上现有的资源；建立武术微课联盟，共享微课资源，避免重复开发。

（3）加强学生学习能力的培养

多数武术习练者都有看视频、书籍学习武术的经历，大家普遍认为对照视频、书籍习练武术，效率很低。为提高学习效率，一方面要改进视频的制作，增强视频的可理解性和可学习性；另一方面要加强培养学生在信息化环境下的学习能力。

参考文献

[1] 汪珂永.中华传统武术文化及传承 [M].北京：光明日报出版社，2017.

[2] 陈姗.传统武术文化传承与发展研究 [M].北京：人民日报出版社，2016.

[3] 蔡利敏.传统武术文化透视与传承发展研究 [M].北京：中国商务出版社，2016.

[4] 郭振华.传统武术文化思想中的现代教育价值阐释 [M].北京：光明日报出版社，2015.

[5] 吕冬生.传统武术的文化内涵与创新发展 [M].长春：吉林大学出版社，2014.

[6] 李龙.深层断裂与视域融合：中国传统武术进入现代视域的文化阐释 [M].北京：北京体育大学出版社，2014.

[7] 邱建国.大学体育 [M].2 版.北京：高等教育出版社，2020.

[8] 田萌颖，金梁."互联网＋教育"视阈下高校武术教学改革路径研究 [J].武术研究，2022，7（10）：62-64.

[9] 郭野，张秀亮，周子琳，等.简论高校武术教学中武德教育的重要性与实施方法 [J].青少年体育，2022（10）：35-36.

[10] 方顺辉.传统武术文化在高校武术教学中的传承与重构 [J].漳州职业技术学院学报，2022，24（3）：57-63.

[11] 黄程.中国传统武术礼仪在高校武术教学中的传承 [J].当代体育科技，2022，12（9）：125-127.

[12] 花蕊.课程思政理念下高校武术教学"思政元素"发展路径研究 [J].武术研究，2021，6（7）：77-79.

[13] 孙昌辉.高校武术教学中传承中国传统文化的优化路径研究 [J].当代体育科技，2021，11（20）：184-186.

[14] 彭小雷.我国高校武术教学存在的问题及改进措施研究 [J].阜阳职业技术学院学报，2021，32（2）：93-95.

[15] 马光，王林林，李志强，等 . 应用型人才培养视角下高校武术教学内容改革与创新研究 [J]. 武术研究，2020，5（11）：79-81.

[16] 马文友 . "全人教育"理念下高校武术教学改革的理论设计与实践路径 [J]. 南京体育学院学报，2020，19（9）：73-78.

[17] 崔梦丽 . 新时代高校武术教学资源共享路径研究 [D]. 哈尔滨：哈尔滨体育学院，2021.

[18] 尚香转 . 混合式教学对高校武术教学效果影响研究 [D]. 郑州：郑州大学，2021.

[19] 杨希娟 . 高校武术教学中落实"课程思政"教育的实践路径探析 [D]. 武汉：华中师范大学，2020.

[20] 张晋乾 . 微课在高校武术教学中的应用研究：以 24 式太极拳为例 [D]. 长春：吉林体育学院，2019.

[21] 封慧歆 . 普通高校武术教学改革与武术文化传承研究 [D]. 苏州：苏州大学，2015.

[22] 于晶 . "游戏教学法"在高校武术教学中的应用研究 [D]. 北京：北京体育大学，2012.

[23] 马岳强 . 对湖北省普通高校武术教学现状的调查研究 [D]. 武汉：武汉体育学院，2007.

[24] 花妙林 . 构建高校武术《段位制》课程教学模式的研究 [D]. 上海：华东师范大学，2006.

[25] 冯锦华 . 河南省普通高校武术教学现状调查研究 [D]. 郑州：河南大学，2005.